Rätsel
Spiele

Karl-Hermann Schneider

Rätsel Spiele

Quiz- und Scherzfragen für gesellige Stunden

Alles Gute!

Baunatal, den 16. Dez. 1997

FALKEN

Wer weitere Spiele- und Denksportbücher sucht, findet im FALKEN Programm eine große Auswahl.

Umweltfreundliches Papier,
hergestellt aus chlorfrei gebleichtem Zellstoff

ISBN 3 8068 1270 5

Titelbild: Pinzer
Abbildungsvorlagen: Karl-Hermann Schneider
Redaktion: Marion Schulz

Satz: Creatype GmbH, Fotosatzstudio, Eschborn
Druck: Neuwieder Verlagsgesellschaft mbH, Neuwied

817 2635 4453

Inhalt

Vorwort

Das Rätsel ist eng mit der Menschheitsgeschichte verknüpft. Die ältesten Überlieferungen einiger Kulturvölker kennen es als eine Urform der Dichtung; es taucht in Gleichnissen und Orakelsprüchen bei Indern, Persern, Arabern, Griechen und auch mit einigen Abweichungen bei den Römern auf. Auch die germanischen Stämme wußten mit diesen Gedankenspielereien umzugehen, wie die altnordische sowie die angelsächsische Literatur beweist.

Bedeutung hatten auch in alten Zeiten die – wohl aus dem Orient stammenden und vom einfachen Rätsel abgeleiteten – Rätselmärchen, deren Lösung oder Nichtlösung über Leben und Tod entschieden. Diese Verschlüsselungen haben sich über die Jahrhunderte hin entwickelt; es kamen die mathematischen Rätsel, die magischen Quadrate mit ihren weiteren Entwicklungen, gezeichnete Rätsel und viele andere Rätselarten dazu.

Dieses Büchlein enthält Denksportaufgaben, mathematische Rätsel und Rätselspiele, die – teils leicht, teils schwierig – jedem etwas zu bieten haben. Die meisten sind so, daß man sie »aus dem Kopf« durchführen kann, d. h. reine Denkspiele. Ab und zu sollte man aber auch Zettel und Bleistift zur Hand nehmen. Die Spiele eignen sich also für jeden Ort und für jede Gelegenheit, egal ob Sie mit der Familie oder mit Freunden um den runden Tisch versammelt sind oder im Zug oder im Auto eine lange Reise kurzweiliger gestalten wollen.

Damit die Texte leicht lesbar und verständlich sind, wurde bewußt auf die Schreibweise „Spieler/in“ verzichtet. Trotz dieser sprachlichen Ungerechtigkeit sind alle Mitspielerinnen auch in gleicher Weise angesprochen.

Versrätsel und gereimte Scharaden

Versrätsel werden häufig auch als Kunsträtsel oder literarische Rätsel bezeichnet. Sie gehören zur ältesten Form der Verschlüsselung, und viele berühmte Geister haben daran ihre Reimkunst geübt, z.B. Hebel, Goethe, Schiller, Körner, Hauff, Brentano.
Zum Lösen dieser Rätselgedichte brauchen Sie Witz, Phantasie und Geduld. Lesen Sie die Verse ruhig zwei- oder dreimal durch, oft findet sich die richtige Lösung durch einen Gedankenblitz.
Als eine der verbreitetsten und beliebtesten Rätselarten gelten die Scharaden. Ich habe sie in diesem Kapitel »gereimte Scharaden« genannt, damit man sie besser von den »darstellenden Scharaden« unterscheiden kann. Auf diese wird im Kapitel »Gespielte Rätsel« ab Seite 19 näher eingegangen.
Bei einer **gereimten Scharade** handelt es sich um ein Wort, das aus verschiedenen Begriffen zusammengesetzt ist wie Ohrmuschel oder Autobahnbrücke. Die Wortteile, die geraten werden sollen, kleidet man in Versform und bezeichnet sie als »erste« und als »zweite«; es können aber auch »dritte« und »vierte« dazukommen.
Mit dieser kleinen Vorrede wird es Ihnen nun sicher ein leichtes sein, die gereimten Rätsel zu lösen und als Aufgabe an andere weiterzugeben.

Vielfach verwendbar

Mit »an« beweist es Vornehmheit,
mit »um« macht es dir Schwierigkeit,
mit »hand« siehst du dich umgekehrt,
im »unter« bleibst du unversehrt,
mit »ver« ist es ein kluger Sinn,
mit »auf« Revolutionsbeginn,
mit »bei« wird Hilfe dir gebracht,
mit »aus« wird kein Geschäft
gemacht,
mit »be« ist's Dauerhaftigkeit,
mit »ab« gibt's an, wie nah, wie weit,
mit »vor« ist's, wer die Leitung führt,
weil seinem »ver« dies Amt gebührt.

Dreifache Möglichkeit

Mit »a« glänzt wider Willen mancher
Greis,
mit »e« der Sänger vor der Hörer
Kreis,
mit »o« der Bauer, der's zu pflegen
weiß.

Ein gewichtiges Wort

Die Sprache kann es nicht entbehren,
die Zeitung bringt es jeden Tag,
der Kaufmann braucht's, will er sich
nähren,
und selten fehlt es im Vertrag.

Der Schein trügt

Er sah ein Weib, so schön wie keines noch auf Erden,
gleich einem Wort mit »ö«. Sie muß die Seine werden!
Und bald auch konnt' – o Glück! – er Wort mit »a« sie nennen.
Da freilich lernt' er sie von andrer Seite kennen.

Schüttelreime von der Treibjagd

»Was tun die vielen Jäger dort am R . . . . h . . . . . ?«
»Ich denke, sie werden sich um die H . . . . r . . . . . !«

Aber auch das stimmt:
»Wenn nach der Treibjagd lebt der H . . . n . . . , trägt er mit Recht die N . . . h . . . !«

Die Vorsilbe

Wer es tut mit »aus«, der will verzichten,
tust du es mit »ab«, verweigerst du,
tust du es mit »ein«, so sagst du zu.
Wer es tut mit »zer«, der will vernichten,
wer es tut mit »nach«, will sich belehren,
wer es tut mit »vor«, den muß man hören,
wer es tut mit »über«, der ist flüchtig,
wer es tut mit »be«, der gilt als tüchtig.

Unglaublich, aber wahr

Freund, laß dir raten, suche mich zu meiden.
Denn hast du mich, so hast du Sorg und Leiden.
Verlierst du mich, so wird das Herz dir schwer.
Gewinnst du mich, so hast du mich nicht mehr!

Die Rätsel der Turandot

In dem persischen Märchen Turandot, gibt die gleichnamige Prinzessin ihren Freiern Rätsel auf, von deren Lösung ihr Schicksal abhängt. Schon sind die Mauern gespickt mit den Köpfen der unglücklichen Vorgänger, also eine recht kitzlige Situation!
Bekanntlich kam auf diesem Weg auch Friedrich von Schiller zur Rätseldichtung. Um bei der Aufführung seines Bühnenstückes »Turandot« das Inter-

esse der Zuschauer zu erhöhen, fügte er drei Rätselreime ein. Hier nun zwei zur Auswahl.

1. Zwei Eimer sieht man ab und auf
   in einem Brunnen steigen.
   Und schwebt der eine voll herauf,
   muß sich der andre neigen.
   Sie wandern rastlos hin und her,
   abwechselnd voll und wieder leer.
   Und bringst du diesen an den Mund,
   hängt jener in dem tiefsten Grund;
   nie können sie mit ihren Gaben
   im gleichen Augenblick dich laben.

2. Es steht ein groß geräumig Haus
   auf unsichtbaren Säulen;
   es mißt's und geht's kein Wandrer aus,
   und keiner darf drin weilen.
   Nach einem unbegriffnen Plan
   ist es mit Kunst gezimmert;
   es steckt sich selbst die Lampe an,
   die es mit Pracht durchschimmert.
   Es hat ein Dach, kristallenrein,
   von einem einz'gen Edelstein;
   doch noch kein Auge schaute
   den Meister, der es baute.

Was ist das?

1. Nicht nur am Tag, nein, auch in finstrer Nacht,
   kann ohne Licht man meilenweit mich sehen.
   Doch wehe dem, dem ich zu nahe komm'!
   Im Augenblick ist es um ihn geschehen.

2. Sie schwitzt nicht bei den größten Hitzen,
   doch, wenn es draußen stürmt und schneit,
   dann sieht man sie zuweilen schwitzen.

3. Ein einziges Mal nur bedürfen wir seiner,
   doch selber entlohnt hat ihn noch keiner.

4. Es hat eine Brille und kann nicht sehen,
   es hat ein Bein und kann nicht gehen,
   es hat einen Rücken und kann nicht liegen,
   es hat zwei Flügel und kann nicht fliegen.

5. Getrennt mir heilig,
   vereint abscheulich.

6. Wer's macht, braucht es nicht,
wer's kauft, behält es nicht,
wer's braucht, weiß es nicht.

7. Es ist eine Mutter fein,
sie nährt viel tausend Kinderlein,
sie ist so reich,
kein Mensch ihr gleich,
sie nährt sie all mit ihrem Strahl,
verzehrt sie wieder allzumal.

8. Des Morgens auf vieren,
des Mittags auf zweien,
des Abends auf dreien.

9. Ich bin gestorben und nicht geboren,
ich heiratete meinen Vater,
als ich einen Tag alt war,
und eine Mutter hab' ich nicht.

10. Kennst du mich, so freut es dich,
kennst du mich nicht, so suche mich,
so suche mich nur endiglich,
du findest mich ganz sicherlich.

11. Man kauft mich teuer,
legt mich dann aufs Stroh.
Verliert man mich,
so ist man herzlich froh,
schreibt mich nicht aus.
In zweifelhafter Wahl kauft man mich lieber noch einmal.

12. Es ist ein hoher Baum,
in dem Baum ist ein Nest,
in dem Nest ist ein Ei,
tut alle Stund einen Schrei.

13. Ich weiß ein Rätsel, das kein Mensch ergründet
und dessen Aufschluß nie der Weise findet,
studiert er auch ein ganzes Leben aus;
und doch bringt jede Hebamm' es heraus.

14. Voll oder leer bin gleich ich schwer.

15. Ich bin, was Geld nicht schaffen kann,
was Diebe niemals stehlen,
und Weiber oft nach schlauem Plan
im Busentuch verhehlen.
Ich bin's, womit so mancher Schrein
und Beutel oft beschwert ist.
Ich bin – vielleicht fällt's Euch nun ein –,
was dieses Rätsel wert ist.

16. Ich sitze oft in mir,
um meiner selbst zu pflegen,
und bin dann um mich selbst
recht herzlich oft verlegen.

17. Das erste glüht die Sonne,
so ward es mild und zart,
das zweite glüht im Feuer und wurde spröd;
das Ganze faßt, was neue Glut
ergießt in euer Blut.

18. Mein erstes ist ja nicht die Sonne,
mein zweites ist die Wahrheit nicht,
drum geb ich oft nur trügerische Wonne
und stets ein ungewisses Licht.

19. Die erste ist nicht leicht,
das düstre Ganze weicht,
wo Kraft die letzte reicht.

20. Die ersten trägt der Mann,
die zweiten nennen den,
der tragen kann;
das Mädchen wird zur Frau sodann,
wenn es das Ganze sich gewann –
es ist ein Synonym für den Mann.

21. An deines Mundes doppeltem Zaune
mich hin und her zu treiben ist meine Laune,
und fehlen Geigen und Pfeifen,
mach' ich die ganze Musik allein
zum lustigen, ländlichen Tanze.

22. Es ist ein wacklig kleines Haus,
klein zieht man ein und größer aus.

Vielseitig

Zwar stand ich schon im Alten Testament,
und als Gewicht bin längst ich abgeschafft,
doch heute noch mich jeder Seemann kennt,
der Maurer auch benötigt meine Kraft.

Doppelte Bedeutung

Der berühmte Philosoph Friedrich Schleiermacher hat der Nachwelt ein hübsches hintergründiges Rätsel hinterlassen, an dem sich schon mancher Rätselfreund versucht hat.

Wir sind's gewiß in vielen Dingen,
im Tode aber sind wir's nicht.
Die sind's, die wir zu Grabe bringen,
und gerade diese sind es nicht.
Und weil wir leben,
sind wir's eben
an Geist und Angesicht;
und weil wir leben,
sind wir's eben
zur Zeit noch nicht.

Dringend gesucht: ein Viersilber

Nachtwächter haben ihn getragen,
auch Krieger nahmen ihn zur Hand.
Man braucht zum Kämpfen und zum Jagen
ihn heute noch in fernem Land.

Nur eine einz'ge Silbe hat er,
die an des Wortes Anfang steht.
Gar mancher fragliche Gevatter
hat ihn behende umgedreht.

Der zwei bis vier scheut keine Mühe,
nur selten sitzt er werktags still.
Er schuftet schon des Morgens frühe,
weil er ein Meister werden will.

Der eins bis vier ist desto schlimmer,
er kennt nicht Ordnung, Recht und Pflicht,
von Anstand hat er keinen Schimmer,
drum schnell mit ihm vor das Gericht!

Teekessel in Versen

1. Du findest mich im hohen Nord
und bei der Hausfrau, auf mein Wort!
L . . . . n

2. Ein Zahlwort ist's an allen Tagen,
es wird auch auf der Uhr geschlagen,
ein Hauptwort, das oft manchen traf,
als große, ja die größte Straf'.
Doch muß man auch, damit das Leben
gesichert sei, es immer geben.
a . . t

3. Ein jeder hat's;
im Grabe ruht's:
Der Herr befiehlt's,
der Kutscher tut's!
V . . . . n

4. Er ist dem Kaufmann stets willkommen,
weil er Verdienst und Nutzen bringt;
sie wird nur dann gern aufgenommen,
wenn freudig sie und wahrlich klingt!
Der/die K . . . e

5. Was ist das für ein Ding: ein
Buch, ein Berg, ein Kleiderstoff?
A . . . s

6. Was eines Dichters Meisterstück,
macht jedermann im Augenblick!
F . . . t

7. Du siehst mich an jeder Tür,
doch wohnen kann nur der in mir,
der hochgeboren ist und reich
und seine Dienerschaft zugleich.
S . . . . ß

8. Seht's dort durch die Wüste laufen,
hier mich manche gern beim Gärtner kaufen,
manchmal ist es wildes Raufen.
S . . . . ß

9. Ich bin ein großes, schönes Tier,
viel Geld braucht's, mich zu haben und zu nähren;
ich bin ein Wald, ganz kleiner Tiere Lustrevier,
man gäb oft Gold, mich abzuwehren.
S l

10. Der eine bläst mich voll,
der andre läßt mich leer,
dem schaff' ich einen Ton,
dem blaue Düfte her.
P . . . . e

11. Wer fleißig es gebraucht, der ist es nimmer,
doch wer es nicht gebraucht, fast immer!
A . m
a . m

12. Es knarrt und dreht sich in der Luft,
es scharrt, wenn's laut sein Völkchen ruft!
H . . n

13. Ein schöner Baum mit hohem Stamm,
ein Philosoph und weiser Mann!
F . . . . e

14. Es geht über Straßen und Brücken,
man kann es im Antlitz erblicken,
als Stadt im Schweizer Land,
aus der Flasche löscht es den Brand.
Z . g

15. Einmal ist es mehr als dicht;
einmal, der in Versen spricht!
d . . . . . r
D . . . . . r

16. Der ist überall willkommen,
darf zu netten Mädchen kommen.
Die dann durch ein leichtes Drücken
ihren Liebsten hoch beglücken.
Das zu finden ist oft schwer,
vielleicht gelingt's von ungefähr!
der/die/das R . . . . e

17. Keine Maschine, der ich nicht diene;
ein Dichter ist's, im andren Sinne.

H . . . l

18. Es ist ein Fluß im deutschen Land;
auch hat's der Kutscher häufig in der Hand!

L . . . e

19. Ein guter  ist von Wert,
für jeden, der um Rat begehrt.
Doch ist's  der Seltenheit,
wenn er erscheint zur rechten Zeit.

E l
e l

20. Wird dir der  schwergemacht,
dann sieh dich vor und gib fein acht;
sonst folgt  und deren mehr,
und du kommst arg geschunden her!

E . . . . . . t
e . .   . . . . t

21. Nur der  und Pflicht sich hält,
hat auch  auf den Dank der Welt!

a .   . . . . t
A . . . . . t

Wissen Sie das?

1. Jährlich kehrt das erste wieder
als ein schöner Feiertag;
Nettes Tierchen ist das zweite,
lebt in Feldern, wohnt im Hag;
ist das Ganze gleich kein Vogel,
doch es Eier legen mag.

2. Mein Anfang ist dunkel, und bitter mein Ende,
ich habe zwar Füße, doch fehlen mir Hände;
ich singe und pfeife, bin munter und froh,
und bau' mir ein Häuschen aus Federn und Stroh.

3. Es ist ein Tier nach seiner Art,
es trägt einen langen Judasbart,
es trägt ein Krönlein ohne Scheu,
hat doch kein Königreich dabei.
Hat viele Weiber und manches Kind,
nicht eins, das seinen Vater kennt.
Es geht noch eher zur Ruh' wie du,
und spricht seinen Weibern freundlich zu.
Und wenn man ihm zieht seine Kleider aus,
so wird ein schöner Braten draus.

4. Gezeugt hat mich der Wald,
ich mache rein das Haus;
beginn' ich mein Geschäft,
so weicht mir alles aus.

5. Der Peter ist mit lautem Knallen,
heut auf das Rätselwort gefallen.
Zur Mutter humpelt er mit Weinen –
die gibt das Rätselwort dem Kleinen.

6. Ein Haustier mit gehörntem Haupt,
allein des Augenlichts beraubt,
hat oft, von groß und klein bedacht,
viel Tausenden schon Spaß gemacht.

7. Es ist eine grasgrüne Muschel,
hat hinten einen Schnabel,
hat vorne einen Schnabel.
Nimmst du sie in die Hand,
sagt sie: »Tipf!« und legt dir
ein halb Dutzend Perlen hinein.

8. Kommt zum Flächenmaß des Helden Tugend,
dann drückt sie! Sie ist schwere Last,
verdüstert manches Menschen Jugend
und ist nicht reicher Leute Gast!

9. Auf der Wiese fährt's Heu und Gras,
auf dem Tische liegt's bei Napf und Glas.
Oft im Schmutze steht's vor Tenn und Stall,
oft im Ohr erweckt's den feinsten Schall.

10. Es schwebt daher ganz kugelrund,
durchscheinend, leicht und herrlich bunt.
Entstanden ist's durch einen Hauch –
lang lebt es nicht, bald platzt sein Bauch.

11. Ein rotes Männlein steht im Strauch,
hat viele Kernchen in seinem Bauch.
Ein schwarzes Hütchen trägt's auf dem Kopf –
sag an, wie heißt der kleine Tropf?

12. Wir armen Dinger, die Not war groß,
gingen den ganzen Sommer bloß,
schafften im Winter erst Schuhe uns an;
doch keine Sohlen sind daran.

13. Man kocht es nicht, man kaut es nicht,
man lutscht, trinkt, schluckt, verdaut es nicht.
Und doch schmeckt's vielen Leuten fein –
was kann das sein?

14. Es hat ein Fell wie eine Katze,
grüne Augen wie eine Katze,
Krallen an den Pfoten wie eine Katze,
es nährt sich von Mäusen wie eine Katze,
ja, es sagt sogar »Miau« wie eine Katze –
und doch ist es keine Katze!

15. Bei trotzigen Kindern fühl' ich mich wohl.
Ich spring' auf der Wiese und meck're wie toll.
Der Kutscher fährt auf mir über Land.
Wer gerne Bier trinkt, dem bin ich bekannt.

16. In einem Häuschen mit fünf Stübchen,
da wohnen braune Bären.
Nicht Tür noch Tor führt ein noch aus,
wer sie besucht, verzehrt das Haus.

17. Kein Auto kann das Wort entbehren,
doch zahlen mußt du's auch dafür.
Zahlst du es nicht, so wird verwehren,
der Staat den Sonntagsausflug dir.

18. Du bewegst dich hurtig fort
und gelangst doch kaum vom Ort.
Wer trägt dich in solcher Weise
auf der leichtbeschwingten Reise?

19. Gewöhnlich ist sie stumm und still,
von selbst sie gar nichts sagen will.
Doch kriegt sie tüchtig Schläge,
so spricht sie und wird rege!

20. Das erste wächst an deinem Kopf,
das zweite im Land der Zypressen.
Das Ganze trifft dich unverhofft,
hast du was ausgefressen.

21. Ich habe keine Füße und geh' doch auf und ab.
Ich beiß' mich immer tiefer ein,
bis ich mich durchgebissen hab'.

Gereimte Scharaden

1. 1 und 1 Wort
   Wer den Schaden hat, braucht nicht
   für mein erstes lang zu sorgen.
   Wem am zweiten es gebricht,
   woll' es nicht beim Dichter borgen,
   denn ums Ganze wandern Myriaden
   ihrer Verse in den Bücherladen.

   S . . . . – . . . d

2. 1 und 1 Wort
   Im ersten ruht das Herz,
   im zweiten fehlt die Seele;
   beim Ganzen aber – Leib und Füße fehlen.

   B . . . . – . . . d

3. 1 und 1 Wort
   Um mein erstes zu ertragen,
   bewaffne mit dem zweiten dich,
   und in des Ganzen leise Klagen
   verwandelt dann die Erste dich.

   W . . – . . t

4. 1 und 1 Wort
   Das erste drückt,
   das zweite trügt,
   das Ganze schreibt,
   wer schuldig bleibt!

   S . . . . . – . . . . . n

5. 1 und 1 Wort
   Das erste für den, der hoch hinaus will,
   das zweite zeugt von dem,
   der tüchtig schafft.
   Das Ganze aber ist für den,
   der tief hinein will.

   B . . . – . . . k

6. 1 und 2 Silben
   Die erste ruht im Haupte,
   die zweite und die dritte schafft die Hand,
   doch manchem das Ganze raubte
   den sonst so klaren Verstand.

   H . . . – . . . . t

7. 2 und 1 Silbe
   Das letzte ist ein Dieb
   und kann die ersten zwei nicht leiden.
   Das Ganze aber ist auch ein Dieb,
   und stiehlt im Leben die ersten beiden.

   T . . . – . . . b

8. 1 und 1 Silbe
   Die erste ein Buchstaben im Alphabet,
   die zweite als Waffe, bei Tieren ihr seht.
   Das Ganze ein Baum, der an der Straße oft steht.

   . – . . . n

9. 1 und 2 Silben
Die erste läßt sich nicht ersäufen,
die zweite und die dritte ist nicht
gut anzugreifen.
Das Ganze geht des Nachts aufs
Streifen.
F . . . . – . . . . r

10. 1 und 1 Silbe
Die erste ein Schmerzenslaut,
die zweite man am Himmel
schaut;
das Ganze aus dem Meeresgrund
steckt der Genießer in den Mund.
A . – . . . . n

11. 2 und 2 Silben
Die ersten beiden sind eine heilige Zahl,
mit den letzten beiden
bekommst du Geld überall,
das Ganze ein Land mit Berg und
Tal.
S . . . . . – . . . . . n

12. 1 und 1 Silbe
Die erste meiner Silben nennt
dir einen Farbton, der weder
reizt noch brennt.
Gehorchst du dem Befehl der
zweiten,
so sagst du nicht, was sie vereint
bedeuten.
B . . . . – . . . . . . g

13. 2 und 2 Silben
Ohne deine ersten zwei
sähest du dich nie.
Auf die grünen letzten zwei
treibt man oft das Vieh.
Oben, von des Berges Grat,
man das Ganze vor sich hat.
A . . . . – . . . . e

14. 1 und 1 Silbe
Die Insel sollst du nennen,
die deshalb Insel ist,
weil ihre erste Silbe
die andre rings umfließt.
S . . – . . . d

15. 1 und 1 Wort
Das erste kann das zweite essen,
mein Ganzes hat nichts zu tun
mit Essen.
H . . . – . . . . t

16. 1 und 1 Wort
Kolumbus freute sich, als er das
zweite hatte,
er freute sich, als er auf dem
Ganzen stand;
er freute sich noch mehr, als das
erste stand.
E . – . . . d

Gespielte Rätsel, Scharaden und vieles mehr

Sehr vergnüglich sind die **gespielten Rätsel**, da sie nicht nur Ihren Geist fordern, sondern zugleich auch noch Ihre schauspielerischen Fähigkeiten.

Hier wird nun nicht mehr nur geraten, sondern Sie müssen sich schon ein bißchen darstellerisch betätigen, was aber so viel Spaß in eine Gesellschaft bringen kann, daß Sie davor nicht zurückschrecken sollten!

Auch die **Scharaden**, von denen nun die Rede sein wird, sind Rätsel, die durch das darstellende Spiel aufgegeben werden, wobei zuerst die eine Gruppe ihre Rätselwörter vorspielt, die die andere erraten muß. Sie brauchen also nur zwei Mannschaften zu bilden. Es reichen zur Not schon vier Teilnehmer, spannender und amüsanter wird es natürlich mit vielen.

Teilen Sie jetzt Ihre Familienmitglieder oder Gäste in zwei gleich große Gruppen ein. Falls die Zahl nicht aufgeht, muß in einem Team eine Person zweimal auftreten.

Zunächst einigen sich die Gruppen auf eine bestimmte Spiel- bzw. Ratezeit. (Ist keine Stoppuhr zur Hand, nehmen Sie eine Sanduhr oder ähnliches.) Dann wählt jede Mannschaft einen Spielleiter und zieht sich in ein Zimmer zurück.

Nun kommt der wichtigste und vielleicht auch schwierigste Teil: Jede Gruppe muß sich für jedes Mitglied ein Wort ausdenken, das es darstellen soll. Nehmen Sie am Anfang einfache Wörter wie Klavierspieler – mehr Beispiele werden weiter unten genannt –, und wählen Sie erst, wenn Sie etwas Übung haben, schwierigere zusammengesetzte Begriffe oder gar abstrakte Wörter.

Der Spielleiter notiert, was jeder verkörpern soll und er muß die Ratezeit stoppen. Jetzt kann die Scharade beginnen: Zunächst führt jedes Mitglied der Gruppe A sein Wort vor.

Ist die Ratezeit abgelaufen, ergeben sich zwei Möglichkeiten der Punkteverteilung:

– Das innerhalb der festgesetzen Zeit erratene oder nichterratene Wort gibt einen Punkt oder entsprechend 0 Punkte.

– Oder Sie notieren exakt die zum Raten benötigten Minuten und Sekunden in einer Spalte »gewonnen«. Bei Nichterraten wird die Zeit in einer Spalte »verloren« eingetragen.

Haben Gruppe A und B ihre Begriffe dargestellt, ergibt der Vergleich der Punkte oder Zeiten die Siegermannschaft. Wichtig ist natürlich, daß jeder Spieler seinen Begriff auch so gut darstellt, daß es nicht unmöglich ist, ihn herauszubekommen.

Komplizierter werden die Scharaden, wenn Sie zusammengesetzte Wörter,

wie z. B. Vogelhaus, darstellen sollen. Da es nicht wie der bereits erwähnte Klavierspieler im ganzen vorgeführt werden kann, imitieren Sie zunächst einen Vogel, was sicher schnell zu erraten ist. Das Haus darzustellen und zu erraten, ist schon schwieriger.
Hier werden sich nun Phantasie und schauspielerische Fähigkeiten des einzelnen zeigen. Haben Sie keine Angst – Sie ahnen gar nicht, welche Talente in Ihnen schlummern!
Nachdem Sie zwei- oder dreiteilige Wörter vorgeführt haben, wagen Sie sich vielleicht an abstrakte Begriffe, wie Hirngespinst oder Ölkrise. Sind die Spieler schon etwas geübt, wird Ihnen auch dazu bestimmt eine zündende Idee kommen.
Scharaden sind übrigens auch sehr gut für Kinder geeignet, die in ihrer Unbefangenheit und Spontanität unwahrscheinliche Darbietungen bringen. Achten Sie nur darauf, daß die ausgewählten Wörter aus ihrem Erlebnisbereich kommen. Je lustiger und ulkiger sie sind, desto mehr Spaß werden die Kinder haben.
Nun noch einige Wörter für Scharaden, natürlich nur als Anregung, denn es werden Ihnen selbst so viele einfallen, wie Sie es nie vermutet hätten:
Storch, Blume, Flugzeug, Taxifahrer, Torwart, Schornsteinfeger, Plattenspieler, Baumstamm, Schlafmütze, Skiläufer, Traumtänzer, Spinnennetz, Großwildjäger, Kaffeeklatsch, Gefängniswärter, Mondfinsternis, Weingeist, Schloßgespenst, Schulstreß.
Und nun viel Spaß beim Spielen!

Ja oder Nein

Ein Spielteilnehmer wird aus dem Zimmer geschickt. Danach einigen sich die anderen auf einen Gegenstand, der zu erraten ist. Er muß sich nicht im Zimmer befinden, sondern er kann auch woanders sein, sogar im Weltraum wie die Sonne und der Mond.
Der Hinausgeschickte wird nun hereingeholt und soll durch seine Fragen, die nur mit »Ja« oder »Nein« beantwortet werden, den Begriff erraten.
Nehmen wir an, es handelt sich um die Freiheitsstatue im Hafen von New York.
Das Frage- und Antwortspiel kann dann etwa wie folgt laufen.

– Kenne ich den Gegenstand?

Ja.

– Ist es ein Kunstgegenstand?

Ja.

– Hier im Hause?

Nein.

– In unserer Stadt?

Nein.

– In Deutschland?

Nein.

– In Europa?

Nein.

– In Asien?

Nein.

– In Amerika?

Ja.

– Ist er groß?

Ja.

– In einem Haus untergebracht?

Nein.

– Ein Denkmal?

Ja.

– Kennt es jeder, der in Amerika ist?

Ja.

– Stellt es einen berühmten Mann dar?

Nein.

– Also ist es eine symbolische Figur?

Ja.

– Steht diese im Hafen von New York?

Ja.

– Ist es die Freiheitsstatue?

Ja.

Wer telefoniert mit wem?

Für dieses Spiel brauchen Sie wiederum mehrere Teilnehmer. Zwei werden aus dem Zimmer geschickt und besprechen, welche Persönlichkeiten sie darstellen wollen. Ob diese jetzt leben oder früher gelebt haben, spielt dabei keine Rolle, auch nicht, ob sie sich wirklich getroffen haben können. So ist es durchaus möglich, Helmut Schmidt mit Kleopatra telefonieren zu lassen.

Die beiden Spieler überlegen nun, wie in etwa das Telefongespräch verlaufen soll. Dabei tauschen sie Informationen über die beiden ausgewählten Persönlichkeiten aus, z. B. über ihre Lebensgewohnheiten, ihre Berufe, ihre Hobbys und über alle Dinge, die zu ihrer Zeit und zu ihrem Lebensbereich gehören oder gehörten. Namen von Zeitgenossen sollten nicht genannt werden, wohl aber besondere Ereignisse oder Erfindungen. Damit das Erraten etwas schwieriger wird, sollten Personen aus verschiedenen Zeitepochen miteinander telefonieren.

So könnten beispielsweise miteinander sprechen:

- Napoleon und Romy Schneider
- Karl der Große und Lenin
- Franz Beckenbauer und Maria Theresia
- Muhammed Ali und Cäsar
- Sophia Loren und Friedrich der Große
- Sadat und Willy Millowitsch
- Walther von der Vogelweide und Ludwig II. von Bayern.

Der Meisterdetektiv

In einem »Topf« befindet sich pro Mitspieler ein Zettel, wobei zwei beschriftet sind: einer mit dem Wort »Dieb«, der andere mit »Detektiv«. Jeder Teilnehmer zieht einen Zettel.

Wer zum Detektiv bestimmt wird, meldet sich und ist somit allen Mitspielern bekannt. Die anderen verbergen ihre Zettel, so daß niemand weiß, wer der Dieb ist.

Nun schließt man die Vorhänge und der Detektiv schaltet für zwei Minuten das Licht aus. Während dieser Zeit muß der Dieb einem der Anwesenden etwas stehlen. Das kann ein Tuch, eine Zigarettenschachtel, der Schlüsselbund oder etwas Ähnliches sein. Der Überfallene ruft laut um Hilfe, und der Dieb verschwindet schnell und unauffällig in der »Masse«.

Der Detektiv schaltet das Licht wieder an, und jeder Mitspieler muß auf seinem Platz stehen oder sitzen bleiben. Das »Opfer« beschreibt nun den Hathergang, darf aber keine Vermutungen über den Schuldigen äußern. Alle Anwesenden sind verpflichtet, dem Detektiv die Wahrheit zu sagen, nur der Dieb darf lügen.

Der Detektiv muß durch geschicktes Fragen und durch Kombinieren herausfinden, wer der Täter war.

Wer bin ich?

Aus einer Gruppe wird ein Spieler nach draußen geschickt, und die anderen überlegen sich, welche Persönlichkeit sie in ihm sehen wollen. Nachdem dies geklärt ist, ruft man ihn herein, und er muß nun aus der Beschreibung seiner Person herausfinden, wer er sein soll.

Bevor das Ratespiel beginnt, legen Sie die Zeitspanne fest, innerhalb deren das »zweite Ich« erraten werden muß. Wer das nicht schafft, erhält einen Minuspunkt, bei Gelingen wird die Ratezeit aufgeschrieben. Der Spieler darf bestimmen, wer als nächster hinausgehen muß. Jeder sollte mindestens einmal an die Reihe kommen.

Wer am wenigsten Zeit benötigt oder die geringste Zahl an Minuspunkten hat, ist Sieger.

Die Gruppe hat sich zum Beispiel Franz Josef Strauß ausgedacht und sagt nun:

- Sie wohnen in Bayern, bzw. Sie haben dort gelebt.
- Sie waren irgendwann einmal Finanzminister.
- Ihre Frau stammt aus einer Familie, die ein Getränk herstellt, das nicht nur in Bayern sehr beliebt ist.
- Sie werden manchmal scherzhaft-ironisch als bayrischer König bezeichnet.

– Sie sind sehr wortgewaltig.
Spätestens dann wird er erraten haben, daß er F. J. Strauß darstellt.
Sie können dieses Spiel natürlich auch herkömmlich spielen: Ein Mitspieler denkt sich eine Persönlichkeit aus, und die übrigen müssen durch geschicktes Fragen herausbekommen, wer es ist.

Der Fragebogen

Dieses Spiel verlangt Konzentrationsvermögen, Geistesgegenwart, Kombinationsfähigkeit und Witz. Da vermutlich nicht alle Fragen innerhalb einer bestimmten Stoppzeit beantwortet werden, muß der Spielleiter darauf vorbereitet sein, selbst das passende Wort zu finden. Zunächst nennt er einen Familiennamen, z. B. »Althaus«, und fordert die Mitspieler auf, die Personalien zu ergänzen. Dabei ist zu beachten, daß alle Begriffe, die folgen, mit »A« beginnen müssen. Der Spielleiter fragt: »Wie lautet sein Vorname?« Einer sagt: »Albert« und erhält dafür einen Punkt.
Die Reihenfolge geht nun folgendermaßen weiter:

- geboren zu: Ahrweiler
- Beruf: Angestellter
- seine Automarke: Alfa Romeo
- besondere Eigenschaften: albern
- Vorname seiner Braut: Anna
- aus: Aachen
- Beruf: Anwaltsgehilfin
- besondere Eigenschaften: affig
- Meinung der Leute: anständig.

Natürlich können Sie diese Liste noch um einige Angaben erweitern. Wenn alle Personalien abgefragt sind, bestimmt der Spielleiter den Teilnehmer, der sich als nächster einen Familiennamen ausdenken muß.

Sprichwörter raten

Für acht und mehr Teilnehmer eignet sich dieses Spiel, bei dem einer zunächst den Raum verlassen muß.
Die einzelnen Worte eines Sprichwortes, auf das sich die Gruppe geeinigt hat, werden reihum verteilt. Z. B. »Wer andern eine Grube gräbt, fällt selbst hinein«. Nun wird der Spieler hereingerufen und soll das Sprichwort erraten, indem er an jeden eine Frage richtet: In der Antwort muß das betreffende Wort, möglichst geschickt versteckt, vorkommen.
Daraufhin entsteht etwa folgender Wortwechsel:
»Warum schaust du eigentlich so bekümmert drein?« fragt Hans, und Peter seufzt tragisch: »Ja, weißt du,

mir hat jemand mein Rechenheft fortgenommen – wenn ich nur wüßte, **wer**!« – »Findest du es heute auch so kalt?« fragt Hans weiter. »Oh, nein, mich friert's nicht, aber die **andern** haben auch schon gejammert«, ist Bärbels Antwort. »Was für eine Note hattest du eigentlich im letzten Aufsatz, Thomas?« »**Eine** derart indiskrete Frage kann ich nicht beantworten!« Nun kommt das schwere Wort »Grube«, und alle sind gespannt. Hans fragt: »Welches ist dein Lieblingsspiel?« Worauf Silke strahlend erklärt, es gäbe doch nichts Schöneres als »Häs'chen in der **Grube**«... usw.

Gefüllte Kalbsbrust

Zwei oder mehr Mitspieler bekommen Papier und Bleistift, und einer erhält zusätzlich eine Zeitung. Blind tippt er mit seinem Bleistift auf eine Seite und trifft z. B. das Wort »Kanzler«.
Nun schreibt jeder die Buchstabenfolge senkrecht untereinander auf sein Blatt, und in einigem Abstand daneben noch einmal, aber nun rückwärts. Ab jetzt läuft die Zeit, und jeder füllt die Lücke mit Wörtern, deren Anfangs- und Endbuchstaben durch das Schema vorgegeben sind. Anfänger begnügen sich damit, das Ergebnis reihum vorzulesen. Gleiche Wörter werden gestrichen, die übrigen ergeben die Punktzahl. Könner definieren ihr Wort, und die anderen müssen es erraten. Wer es errät, bekommt den Punkt; findet es niemand heraus, so erhält ihn derjenige, der das Wort definiert hat. Gewinner ist der Teilnehmer mit der höchsten Punktzahl.

Kurzgeschichte

Zwei oder mehr Spieler schreiben irgendein Hauptwort auf ein Blatt Papier. Jeder liest seines vor und notiert zudem die Wörter der anderen. Dann kann das Schreiben losgehen: Innerhalb einer bestimmten Zeit sollen diese völlig unzusammenhängenden Wörter zu einer kleinen, sinnvollen Geschichte verbunden werden, wenn möglich sogar in der zufällig entstandenen Reihenfolge.

Es gibt unzählige alte und neue Rätselgeschichten. Generationen haben sie sich erzählt, und auch wir machen da keine Ausnahme. So wird vermutlich der »Prozeß des Euathlos« noch Generationen nach uns beschäftigen.
Aber keine Angst, die Geschichten sind bunt gemischt, mal schwieriger, mal leichter, so daß groß und klein beim Erzählen und Lösen ihren Spaß haben werden!

Der Prozeß des Euathlos

Der Jüngling Euathlos nahm einstmals bei dem berühmten Sophisten Protagoras Unterricht in der Rechtsgelehrsamkeit. Sie hatten verabredet, daß Euathlos zunächst nur die Hälfte seines Honorars zu bezahlen brauchte – die andere Hälfte erst dann, wenn er seinen ersten Prozeß gewonnen hätte.
Nachdem der Unterricht beendet war, übte Euathlos seinen neuerlernten Beruf überhaupt nicht aus; er übernahm also auch keinen Prozeß und blieb dem Protagoras die zweite Hälfte des Honorars schuldig. Da verklagte ihn Protagoras vor Gericht und sagte: »Du mußt mir auf jeden Fall das Geld bezahlen – denn: Selbst wenn die Richter dich freisprechen werden, so hast du damit deinen ersten Prozeß gewonnen und mußt nach der Verabredung zahlen. Verurteilen sie dich – so mußt du ohnehin zahlen.«
Euathlos aber antwortete: »Auf keinen Fall muß ich zahlen – denn: Werde ich verurteilt, nun, so habe ich ja meinen ersten Prozeß verloren, werde ich aber freigesprochen, so brauche ich gemäß dem richterlichen Urteil auch nicht zu zahlen.«
Inzwischen sind Protagoras und Euathlos längst gestorben – der Prozeß läuft heute noch.

Das nächtliche Straßenschild

Herr Albert war zum Abendessen bei Heitmanns eingeladen. Die Familie wohnte in einer Neubausiedlung in der Uhlandstraße Nr. 3. Von einem Besuch tagsüber wußte Herr Albert, daß die Uhlandstraße der Gerhart-Hauptmann-Straße zum verwechseln ähnlich sah. Es war schon dämmerig, und einen Augenblick lang zögerte Herr Albert: Befand er sich nun in der Uhland- oder in der Gerhart-Hauptmann-Straße? Das Straßenschild konnte er zwar noch erkennen, aber nicht mehr entziffern. Wie hat Herr Albert dann doch genau gewußt, daß er wirklich in der Uhlandstraße war?

Wer hat was?

Bei einem Spiel verstecken drei Schülerinnen, Anna, Brigitte und Claudia, in ihren Schultaschen je einen Gegenstand, und zwar einen Ball, einen Bleistift und eine Schere. Dieter soll herausfinden, wer welchen Gegenstand hat.
Auf seine Fragen erhält er folgende Antworten, von denen nur eine wahr, die anderen falsch sind:
1. Anna hat den Ball.
2. Brigitte hat den Ball nicht.
3. Claudia hat die Schere nicht.
Wer hat was?

Nasse Füße

Im Hafen liegt ein Schiff, weil der Anstrich der Außenbordwand ausgebessert werden muß. Der Malermeister befestigt eine Strickleiter an der Reling, ergreift Farbtopf und Pinsel, steigt hinunter, bis er auf der untersten Sprosse steht, und fängt an zu pinseln.
Die Leitersprossen haben einen Abstand von je 30 cm voneinander, und die unterste ist 20 cm vom Wasserspiegel entfernt.
Nachdem der Meister eine Weile gearbeitet hat, kommt die Flut, und der Wasserspiegel hebt sich um insgesamt 50 cm.
Wie viele Sprossen mußte der Mann hochklettern, um keine nassen Füße zu bekommen?

Ein kluger Mann

Vor langer Zeit lebte in einem fernen Land ein guter und nachgiebiger König, dessen Minister jedoch die größte Gewalt im Land besaß. Wenn ein Mann ein Verbrechen begangen hatte und zum Tode verurteilt werden sollte, wollte der gute König ihm noch eine allerletzte Chance geben. Er ließ ein Kästchen bringen, in dem sich ein weißes Elfenbein- und ein schwarzes Ebenholzkügelchen befanden. Dem Missetäter wurden die Augen verbunden, und er durfte sich eine Kugel herausgreifen. War es die weiße, dann konnte er sein Leben behalten, griff er die schwarze, führte man ihn zum Henker.
Merkwürdigerweise gelang es niemandem, die weiße Kugel zu erwischen – immer bekam der Verurteilte die schwarze in die Hand, und im ganzen Land flüsterte man sich zu: »Der böse Minister hat bestimmt zwei schwarze Kugeln in den Kasten gelegt!« Aber wie sollte man das beweisen?

Eines Tages wurde ein kluger Mann, der sich gegen den Minister aufgelehnt hatte, zum Tode verurteilt. Auch er erhielt die Möglichkeit, eine Kugel zu ziehen. Er griff in den Kasten, holte eine heraus und schluckte sie hinunter, ehe irgendein Mensch sehen konnte, welche Kugel er genommen hatte. Warum tat er das? Und was wurde wohl aus ihm?

Die billige Gans

Vergangenen Sonntag ereignete sich in Josbach ein kleiner Unfall. Ein Motorradfahrer hatte bei der Fahrt durch das Dorf eine Gans überfahren. »20,– DM bekomme ich dafür«, sagte der Bauer, dem sie gehörte, »die Gans können Sie mitnehmen!«
»Das ist ein unverschämter Preis«, begehrte der Motorradfahrer auf, »zumal ich das tote Tier auf dem Rad ja gar nicht mitnehmen kann, wie Sie sehen. Mehr als 15,– DM bezahle ich auf keinen Fall!«
Sie wurden sich nicht einig, da keiner nachgeben wollte. Da mischte sich Herr Schneider ein. Ihm gelang es in kürzester Frist, den Streit beizulegen und zu erreichen, daß jeder befriedigt von dannen zog. Was hat er wohl gemacht?

Wann geht Peter schlafen?

Peter pflegt seine Uhr zweimal täglich aufzuziehen: morgens, wenn er um acht aufsteht, und abends vor dem Zubettgehen. Morgens muß er den Knopf achtmal drehen, abends aber zwölfmal, bis die Uhr völlig aufgezogen ist. Wann geht Peter schlafen?

Ein altes Blumenrätsel

Es waren einmal drei Frauen, die waren in drei ganz gleiche Blumen verwandelt und standen draußen auf der Wiese. Nur die eine von ihnen durfte jede Nacht zu ihrem Mann heimkehren.
Da sagte sie eines Nachts zu ihrem Manne: »Wenn du mich morgen früh abpflückst, so werde ich erlöst und darf für immer bei dir bleiben.«
Wie hat der Mann erkannt, welche der drei Blumen seine Frau war?

Der Mückenstich

Mama steht genau hinter ihrem Töchterchen. Beide schauen geradeaus, und zwar in dieselbe Richtung. Plötzlich ruft die Kleine: »Gib acht, Mama, du hast eine Mücke auf der Nase!«
Wie kann sie das wissen?

Wieviel Uhr ist es?

Ein Student hat am nächsten Tag Examen und kann vor lauter Lampenfieber schlecht schlafen. Immer wieder schreckt er hoch, knipst seine Nachttischlampe an und sieht auf die Uhr. Als er wieder aufwacht, versagt die Lampe den Dienst. Offenbar ist die Birne durchgebrannt.
Was tun? Zwar hat die Taschenuhr Leuchtzeiger, aber beide sind gleich lang, so daß sich der Stunden- nicht von dem Minutenzeiger unterscheiden läßt. Der eine weist auf die Zwölf, der andere auf die Eins. Ist es nun fünf Minuten nach zwölf oder schon ein Uhr?
Bald darauf weiß der Student, wie spät es ist. Keine Turmuhr hat geschlagen. Auch sonst ist nichts geschehen; allein seine Uhr half ihm weiter!

Für Detektive

Am hellen Mittag, als die Familie des Bauern Lottmann beim Essen saß, ist das nagelneue Fahrrad des Knechts Krischan gestohlen worden!
Krischan, der mit dem Trecker auf dem Feld gearbeitet hatte, war mit dem Rad zum Essen heimgefahren, hatte es an die Scheunenwand gelehnt und war in die Küche gegangen – und als er wieder abfahren wollte, war das Rad weg! Niemand hatte einen Fremden auf dem Hof gesehen oder gehört – nur Dieter, der zehnjährige Sohn von Lottmanns, wußte natürlich wieder einmal mehr als alle anderen!
»Das waren bestimmt die Zigeuner, die hier gestern Teppiche verkaufen wollten! Bestimmt! Ich glaub', ich habe zwei Leute gesehen – ja, das hab' ich –, wie sie das Fahrrad mitgenommen haben!«
»Junge«, sagte sein Vater, »denk doch nach, ehe du redest! Du hast hier gesessen und konntest die Scheunenwand doch überhaupt nicht sehen!«
»Nein«, rief Dieter eifrig, »hab' ich auch nicht! Aber ich hab' doch die Schatten von den beiden gesehen – ganz lange Schatten, und den Schatten vom Fahrrad auch, als sie es mitnahmen!«
Da gab ihm sein Vater eine Ohrfeige. Warum wohl?

Sherlock Holmes' Schülerin

Eine junge Engländerin wohnte in einem feudalen Hotel eines Schweizer Kurortes. Eines Abends klopfte jemand an ihre Tür, und noch ehe sie »Herein!« rufen konnte, betrat ein fremder Herr den Raum. Als er die

junge Dame erblickte, schrak er zurück und sagte: »Oh, entschuldigen Sie bitte, meine Gnädigste, ich habe mich in der Türe geirrt. Mein Zimmer ist nebenan.« Nach einer tadellosen Verbeugung entfernte er sich.
Die junge Dame überlegte einen Augenblick, ging dann zum Telefon und bat den Hoteldetektiv zu sich. Nachdem sie ihm den Vorgang geschildert hatte, waren sie einer Meinung. Der Detektiv ging in die Hotelhalle und nahm den Mann, der sich angeblich in der Tür geirrt hatte, kurzerhand fest. Wie sich später herausstellte, hatte er einen guten Fang gemacht. Es handelte sich um einen berüchtigten und schon lange gesuchten Dieb.
Welcher »Schönheitsfehler« war dem Gangster unterlaufen?

Der pfiffige Astrologe

Der Hofastrologe Ludwigs XI. hatte die Geduld des Herrschers dermaßen strapaziert, daß dieser den Entschluß faßte, sich des Mannes zu entledigen. »Wenn du wirklich alles vorhersiehst, wie du behauptest«, fauchte er ihn an, »dann nenne mir jetzt sofort den Tag, an dem du sterben wirst!«
Der Sterndeuter erkannte die Gefahr, aber er wußte auch, wie abergläubisch Ludwig XI. war. Folglich mußte er sein Schicksal mit dem des Königs verbinden, wenn er seinen Kopf aus der Schlinge bekommen wollte. Welche Antwort gab er?

Es ist schon lange her

Die beiden Filmhelden Pat und Patachon wollten eines Tages Äpfel pflükken. Aber der Zweig hing sehr hoch. Um ihn zu erreichen, kletterte der Kleine dem Großen auf die Schulter. Es fehlten aber immer noch ein paar Zentimeter bis zu dem ersehnten Obst. So sehr sich Patachon auch reckte, er bekam keinen Apfel zu fassen, und schweren Herzens mußten sie ihre Absicht aufgeben. Erst viel später fiel ihnen ein, was sie hätten tun müssen, um ohne weitere Hilfsmittel die Früchte doch abpflücken zu können. Nämlich was?

Komische Verhältnisse

Familie Schneider war nach Mühlhausen gezogen. Neu in der Stadt, freute sich Frau Schneider sehr über die erste Einladung zum Tee bei Frau Giller. Sie traf dort mit Frau Krug und Frau Ostmann zusammen.

Neugierig auf die Verhältnisse in Mühlhausen, fragte Frau Schneider: »Bitte, Frau Giller, sind Sie mit Frau Krug verwandt?« Ja, sie war es. Aber wie drückte Frau Giller das aus?
»Der Bruder der Schwiegermutter meines Mannes ist der Vater des einzigen Schwagers von Frau Krugs Mann, der übrigens keine Geschwister hat.«
Und ehe Frau Schneider noch daran denken konnte, diese schwierige Sache aufzulösen, erklärte Frau Ostmann auch schon: »Und auch ich bin mit Frau Giller verwandt! Die Schwester der einzigen Schwiegertochter der Eltern meines Mannes ist nämlich die Nichte des Schwiegervaters von Frau Gillers Mann!«
Ach! Ob man das nicht auch einfacher ausdrücken könnte? Wie waren die Damen miteinander verwandt?

Die Sitzung

Im Festsaal eines großen Vereinshauses fand eine Zusammenkunft statt, an der alle Mitglieder teilnahmen. Der Saal war dicht besetzt, denn eines der Mitglieder hielt eine wichtige Rede.
Nach der Sitzung trafen sich die Herren Albert, Bechtold, Cornelius und Dachs am Ausgang. Während der Veranstaltung hatte nicht jeder jeden sehen können, da sie an verschiedenen Stellen gesessen haben und die Menschenmenge im Saal zu groß war, als daß man einen Bekannten hätte herausfinden können. B. hatte A. nicht gesehen, während C. aber B. erkannt hatte; D. hatte A. und B. erblickt; A. hatte B. wahrgenommen, nicht aber C.; B. hatte C. und D. ebenfalls nicht ausmachen können. Einer dieser vier Herren war der Redner. Nämlich welcher? Das Rednerpult war von allen Plätzen sichtbar.

Problem an der Grenze

In Kolumbien galt früher – ebenso wie im Nachbarstaat Venezuela – die Dollarwährung. Eines Tages wurde verfügt, daß der venezolanische Dollar nur noch mit 90 Cents zu bewerten sei. Daraufhin gab die Regierung von Venezuela hinsichtlich des kolumbianischen Dollars die gleiche Abwertung bekannt. Recht verstanden, im eigenen Land galt also der eigene Dollar 100 Cents, im Nachbarland aber nur 90 Cents.
Damals kostete ein Glas Whisky in beiden Staaten 10 Cents. Mister Kox aus Kolumbien, der gern Whisky trank, ging nun am Tage nach der Währungsreform mit einem venezolanischen

Dollar in der Tasche über die Grenze. Er trank in einer Kneipe einen Whisky und bezahlte ihn mit dem venezolanischen Dollar, worauf er sich einen kolumbianischen Dollar (gleich 90 Cents) herausgeben ließ.
Mit diesem kolumbianischen Dollar ging er wieder über die Grenze, trank in einer kolumbianischen Kneipe einen Whisky und bezahlte mit dem kolumbianischen Dollar, worauf er sich einen venezolanischen Dollar herausgeben ließ.
Und so wechselte er den ganzen lieben Tag herüber und hinüber. Am Abend war er reichlich betrunken, aber immer noch im Besitz eines Dollars. Das Beispiel machte Schule: Die Wirte bekamen ihr Geld, die Zecher behielten ihr Geld. Nur der Whisky ging den Weg alles Irdischen. Wer bezahlte ihn eigentlich?

Die zerbrochene Fensterscheibe

Kurt hat beim Toben im Kinderzimmer eine Fensterscheibe eingeschlagen.
»Weißt du, was wir nun machen?« meint sein Freund Günther, rennt die Straße hinunter und kommt dann mit einem faustgroßen Stein zurück. »Den legen wir ins Zimmer, damit es so aussieht, als ob er von außen durch die Scheibe geworfen worden wäre.«
Kurt befolgt den Rat und holt dann seine Mutter, die sich den Schaden besieht und die dazugehörige »Geschichte« anhört. Nach einem strafenden Blick streicht sie ihrem Filius kurzerhand das Taschengeld als Strafe für den Schwindel. Woran hat sie ihn wohl erkannt?

Der überlistete Karo

Herr Schäufele machte mit seinem Hund Karo eine Wanderung und wollte unterwegs eine kleine Kletterpartie unternehmen. Doch dafür war ihm der große Rucksack ein wenig lästig. Also legte er ihn etwa eineinhalb Meter von einem Baum entfernt nieder. Den Hund band er so an den Baum, daß er drei Meter freie Leine hatte. Und da Herr Schäufele seinen Karo kannte, verknotete er die Leine so fest wie möglich. »So«, meinte er dann, »nun bleibst du schön hier und bewachst Herrchens Rucksack, bis ich wieder zurückkomme!« Das versprach Karo schwanzwedelnd.
Herrchens Vorsicht war wohl begründet. Denn schon wenig später erschien ein Landstreicher, dem der prallgefüllte Rucksack in die Augen stach.

Weniger angenehm war natürlich die Anwesenheit des großen Hundes, der dem Landstreicher sogleich zähnefletschend drohte. Mit dem wollte er sich keineswegs einlassen.
Wie gelang es dem Landstreicher, trotzdem den Diebstahl auszuführen?

Unterwegs bei sinkender Sonne

»Beeilt euch!« rief Fuhrunternehmer Müller seinen beiden Söhnen zu, »die Sonne steht schon tief; bevor sie untergegangen ist, müssen wir zu Hause sein!«
Die Söhne kuppelten den Anhänger an das Lastauto, stiegen vorn ein, und der Vater fuhr los. Als sie über schlechtes Pflaster kamen, fragte er, ob der Anhänger auch richtig befestigt sei. Da beugte sich Karl, der an der Tür saß, etwas vor und blickte schräg nach hinten. Er schaute aber weder in den Rückspiegel, noch öffnete er Tür oder Fenster. »Er ist noch dran«, sagte er daraufhin. Der Vater meinte, daß Karl das unmöglich gesehen haben könnte, da der Anhänger viel kleiner und schmaler sei als der Lastwagen.
Wie hatte Karl das Vorhandensein des Anhängers dennoch mit Sicherheit festgestellt?

Reisegesellschaft mit Folgerungen

Drei Fluggäste fliegen von Frankfurt nach Indien. Ihre Namen sind Baumann, Eichler und Hahn. Einer von ihnen ist Elektriker, einer Monteur und einer Ingenieur. Aus ihrer Unterhaltung entnehmen wir folgendes:

1. Zwei Fluggäste, und zwar Herr Baumann und der Ingenieur, sollen eine Fabrikanlage bauen helfen.
2. Zwei Fluggäste, und zwar Herr Hahn und der Elektriker, kommen aus Hamburg, während der dritte aus München kommt.
3. Herr Eichler ist jünger als der Monteur.
4. Herr Hahn ist älter als der Ingenieur.

Wer hat welchen Beruf?

Das Rangieren mit Ziffern und Symbolen und das Zählen wird Erwachsenen sicher viel mehr Probleme bereiten als Kindern. Sie haben – durch die Mengenlehre geschult – eine ganz andere Vorstellungskraft: Und das werden Sie merken, wenn Sie die folgenden Rätsel und Aufgaben gemeinsam mit Kindern lösen.

1. Der Fliesenleger Werner hat die Aufgabe, die abgebildeten Platten in die entsprechende quadratische Wand einzumauern, und zwar so, daß in keiner horizontalen oder vertikalen Reihe zwei gleiche Platten erscheinen.

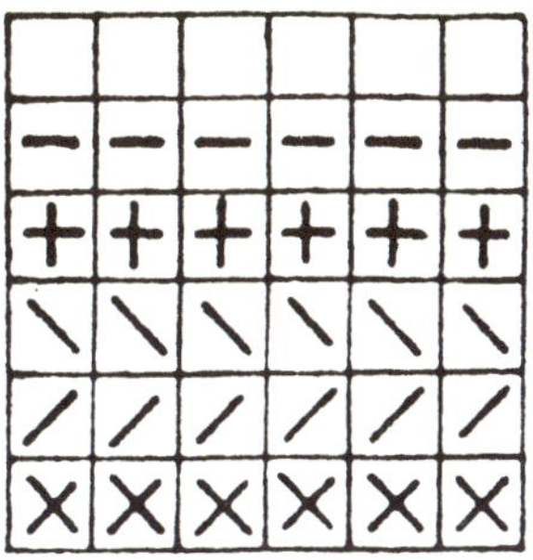

2. Zehn Kreise liegen pyramidenförmig übereinander und sind mit den Zahlen 0 bis 9 so gefüllt, daß jede der drei Außenlinien mit ihren vier Kreisen die Summe 16 ergibt. Die Ziffern sollen nun so untereinander vertauscht werden, daß wieder alle drei Seiten eine gleiche Summe bilden, und zwar die kleinstmögliche.

3. Die Zahlen 1 bis 9 sollen so verteilt werden, daß jede Dreiecksseite 20 ergibt!

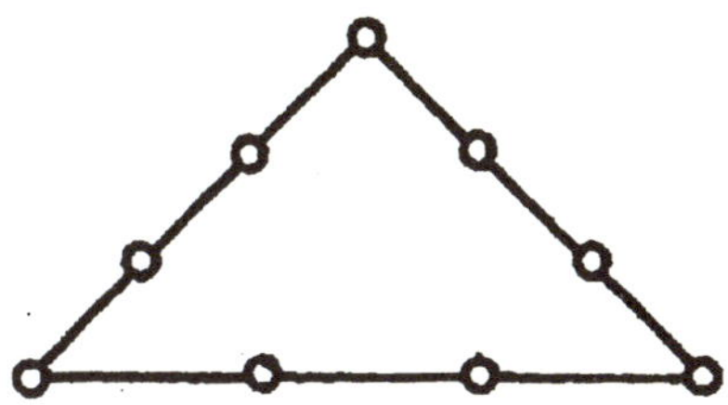

4. Ein Mann wurde in einem unterirdischen Burgverlies von Räubern festgehalten. Sie sperrten ihn in die entlegenste der 36 Gefängniszellen.
Schließlich erklärten sie sich bereit, ihm die Freiheit wiederzugeben, wenn er aus dem Gefängnis herausfinde. Er müßte aber auf seinem Weg zum Ausgang jede der 36 Zellen einmal betreten. Gerate er jedoch in eine ein zweites Mal, dann müsse er sterben. In seine

eigene Zelle dürfe er allerdings zurückkehren, sooft er wolle. Wie mußte der Mann gehen?

5. Auf jeder Geraden soll sich mit den Zahlen 1 bis 12 die Summe 25 ergeben! Es geht auch mit den Summen 27 oder 30.

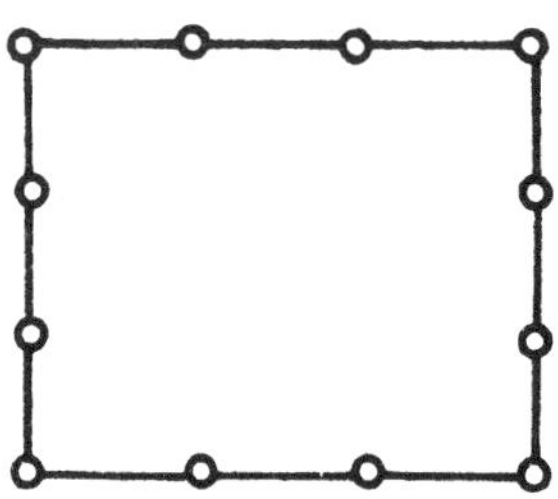

6. »Wenn die schönen alten Pappeln nicht wären, hätte ich den Teich schon längst in ein doppelt so großes, ebenfalls quadratisches Gewässer umwandeln lassen«, sagt der Fischteichbesitzer. »Aber das geht doch auch so«, lachte sein Freund. »Die Bäume müssen nicht gefällt werden. – Soll ich Dir sagen, wie es funktioniert?« »Ja!«

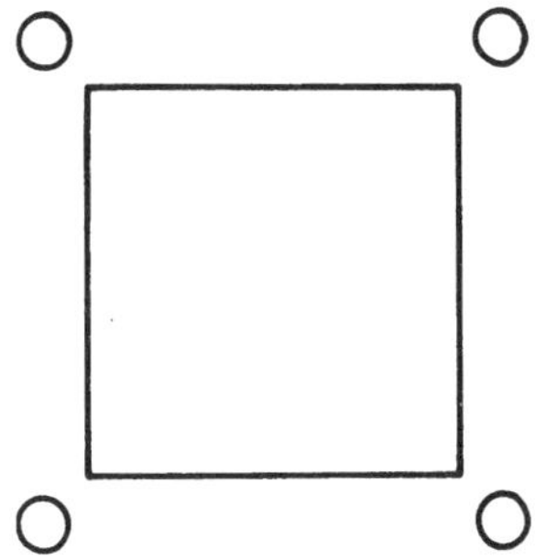

7. Vier Brüder haben sich gemeinsam einen Garten gekauft, in dem acht große Obstbäume stehen, die nicht verpflanzt werden können. Die Geschwister wollen den Garten so aufteilen, daß jeder ein Stück von gleicher Größe und Form sowie zwei Obstbäume erhält.

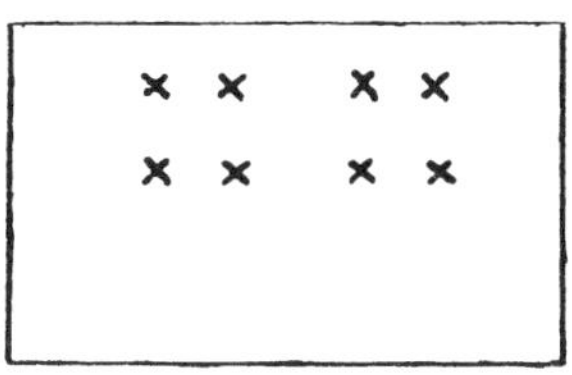

8. Das kleinste magische Quadrat besteht aus neun Feldern. Die Zahlen 1 bis 9 sind darin so einzutragen, daß die Quersumme in jeder Waagerechten, jeder Senkrechten und in beiden

Diagonalen 15 beträgt. Dabei muß in dem jeweils vorgegebenen Feld mit 1 begonnen werden.

1		

	1	

9. In die 36 Felder dieser Figur sind 18 Punkte einzuzeichnen, und zwar so, daß in jeder waagerechten und in jeder senkrechten Reihe nur 3 Punkte stehen.

10. In einem Industriegebiet liegen fünf Städte nah beieinander, die alle auf regen Güterverkehr angewiesen sind, so daß viele Eisenbahnlinien notwendig wurden. Brückenbau war aus bodentechnischen Gründen unmöglich. Es erwies sich also als schwierige Aufgabe, die Schienenanlagen so zu planen, daß eine Behinderung der zahlreichen ankommenden und abfahrenden Züge untereinander vermieden wurde. Schließlich klügelte man ein System aus, nach dem keines der Gleise ein anderes kreuzte.
Die Vorteile der direkten Linie überwogen, obwohl manche Züge sehr große Bogen fahren müssen. Wie wurden nun die Schienen gelegt, damit Zug A zur Station A, Zug B zur Station B usw. gelangen konnte, ohne irgendwo die anderen Linien zu berühren?

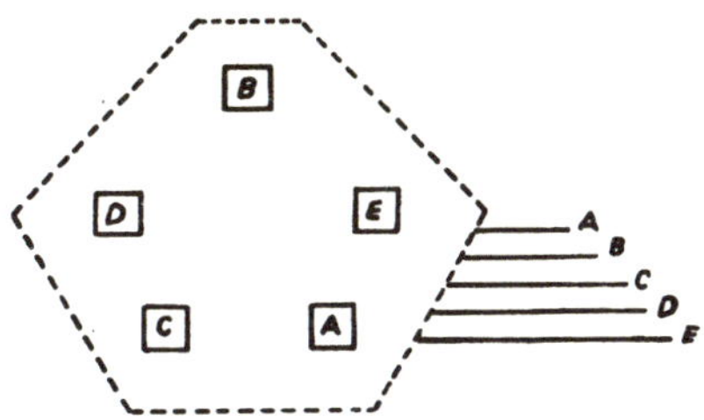

11. Zerlegen Sie das Zifferblatt so in drei Teile, daß auf jeden vier Ziffern entfallen. Sie sollen zusammengezählt jeweils die gleiche Summe ergeben.

12. In ein Quadrat mit insgesamt 25 Feldern sind die Zahlen von 1 bis 25 so einzutragen, daß sämtliche waagerechten und senkrechten Reihen und die beiden Diagonalen jeweils die Quersumme 65 bilden. Die 1 muß dabei im vorgeschriebenen Feld stehen.

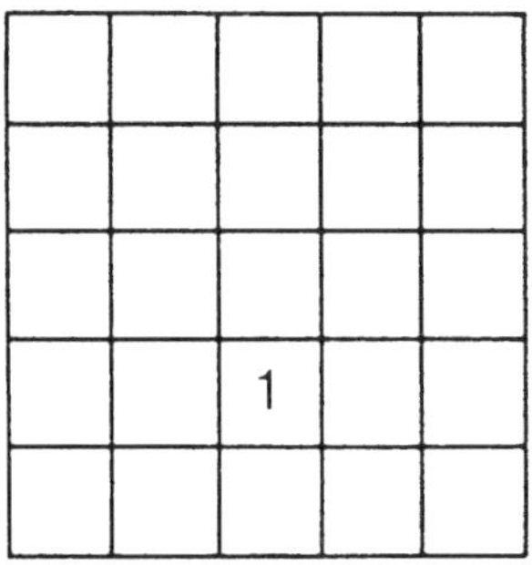

13. Auf jeder Geraden soll sich – aus den Zahlen 1 bis 12 – die Summe 26 ergeben, doch auch die drei Eckzahlen jedes der beiden großen Dreiecke sollen jeweils zusammen 26 ergeben!

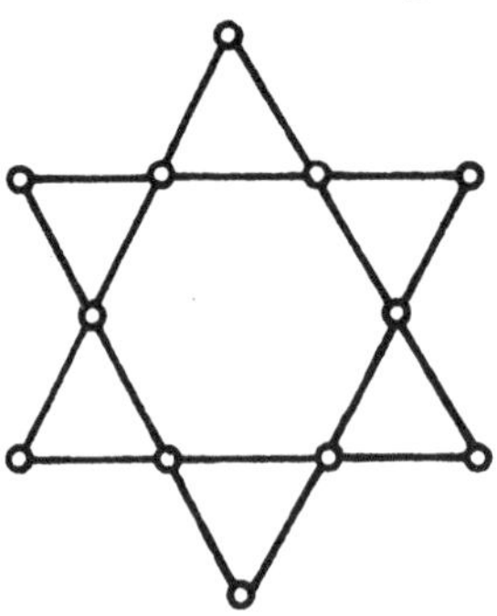

14. In das Quadrat sind die Zahlen 6 und 16 so einzuordnen, daß in jeder waagerechten und in jeder senkrechten Reihe die Summe der Zahlen 60 ergibt.

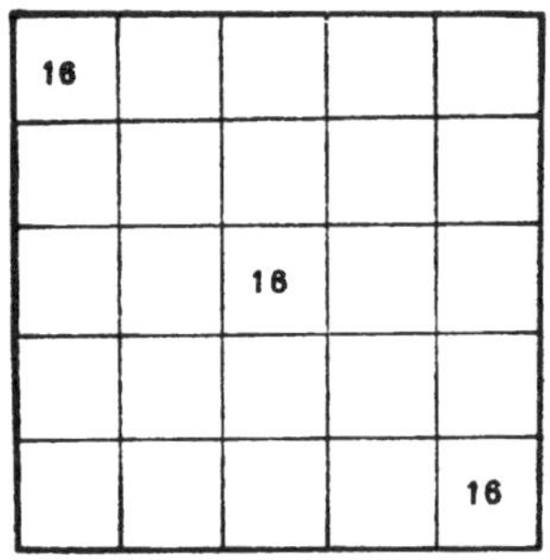

15. In den acht Kreisen sind je fünf der sechs Felder mit römischen Ziffern oder mit Buchstaben versehen, die in einer logischen Reihenfolge stehen. Gesucht wird die sechste Zahl bzw. der sechste Buchstabe.

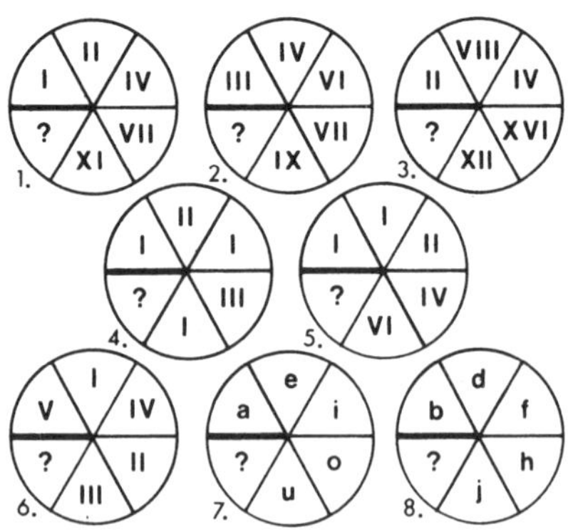

16. Wie sieht, logisch fortgesetzt, jeweils das **vierte Bild** aus?

1.

2.

3.

4.

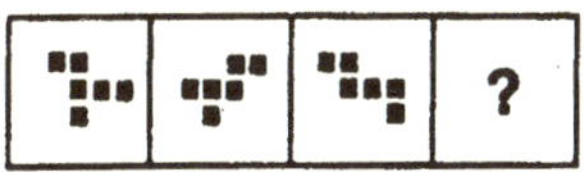

5.

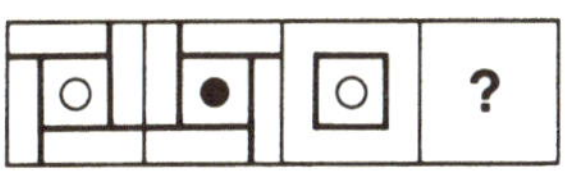

6.

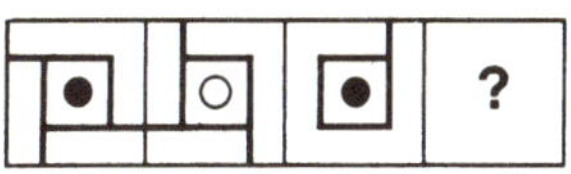

7.

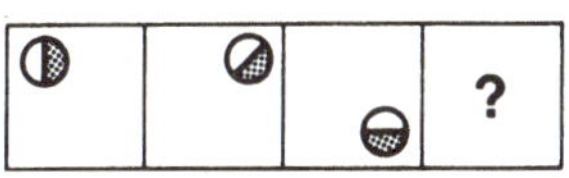

8.

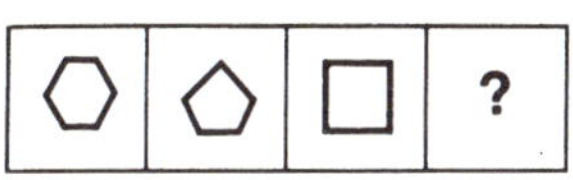

9.

10.

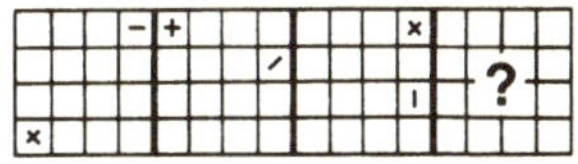

11.

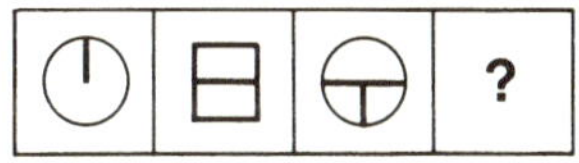

17. Die jeweils erste Reihe der nächsten sechs Aufgaben zeigt drei aufeinanderfolgende Bilder, die sich nach einem logischen und erkennbaren System verändern.
Das Motiv für das vierte Feld ist zu ergänzen. Dazu werden in der zweiten Reihe jeder Aufgabe vier verschiedene Lösungen angeboten, von denen nur eine richtig ist. Wählen Sie unter a, b, c oder d aus.

1.

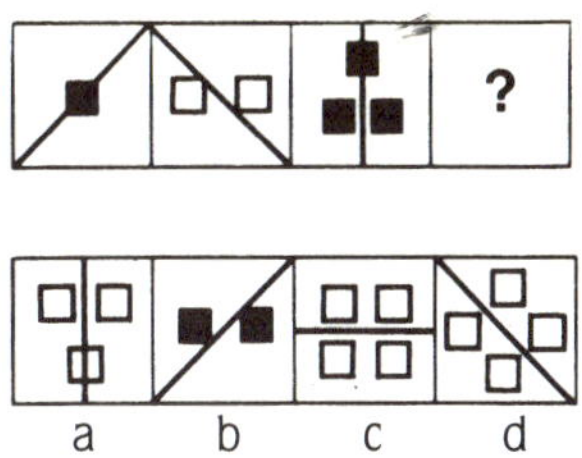

2.

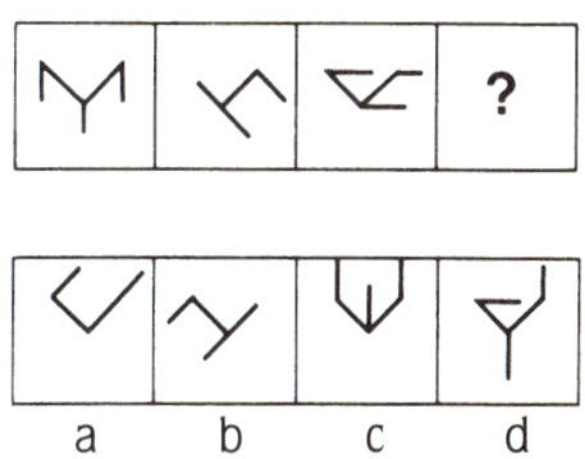

3.

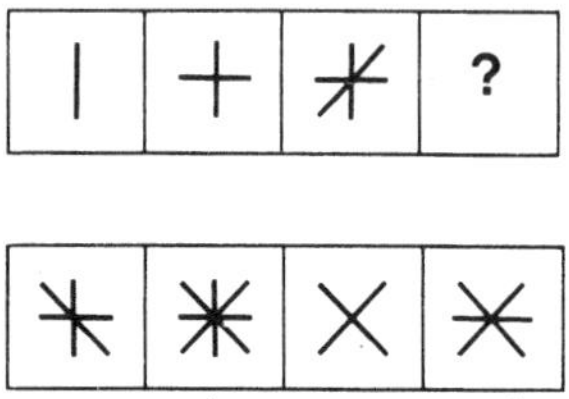

a b c d

4.

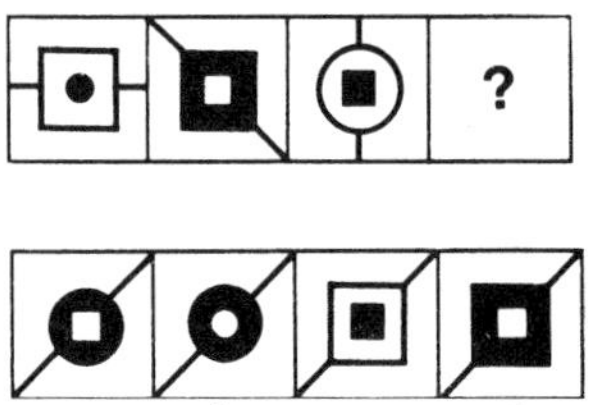

a b c d

5.

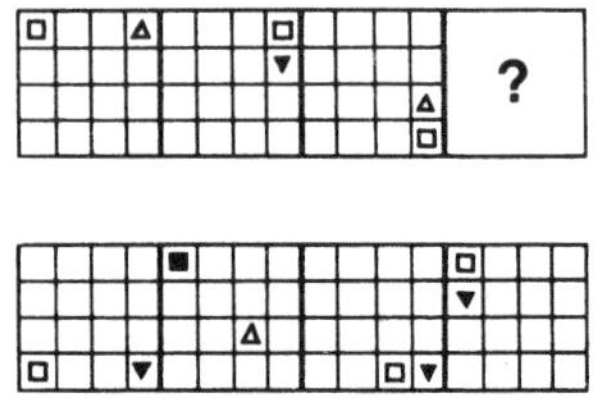

a b c d

6.

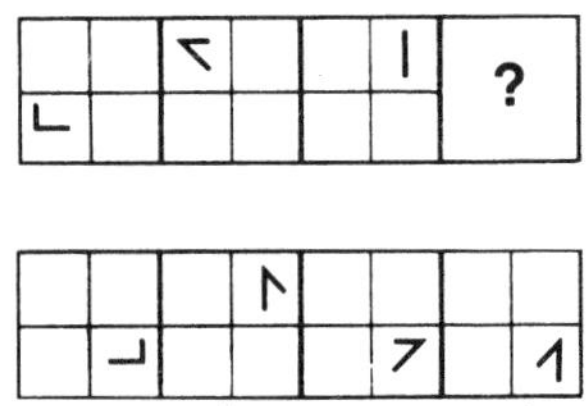

a b c d

Rechenexempel und Rechengeschichten

Die folgenden Rechenaufgaben und -rätsel sind nicht nur für Mathematiker oder Mathematikerinnen gedacht! Mit etwas Kombinationsgabe und detektivischem Spürsinn kann sie jeder lösen!

Zahlendurcheinander

Um bei diesem Rätsel auf das vorgegebene Ergebnis zu kommen, müssen Sie die neun Zahlen unter dem Strich den Rechenvorgängen zuordnen.

1.

+	−	+	
:	+	−	
×	:		= 5

1	3	3	3	5	5	6	6	8

2.

×	−	+	
+	×	:	
×	:		= 4

2	3	3	4	4	10	11	13	24

3.

+	−	×	
×	+	:	
+	+		= 24

3	5	7	7	7	7	7	12	15

4.

×	:	+	
:	+	−	
:	+		= 5

2	2	2	2	4	4	4	6	8

5.

−	+	−	
+	:	+	
:	+		= 10

3	3	5	5	7	7	11	15	30

6.

+	−	:	
+	×	:	
−	+		= 11

1	1	3	5	5	5	6	6	17

7.

×	:	+	
+	×	:	
−	−		= 3

1	2	3	4	6	8	12	12	20

8.

:	+	×	
:	−	×	
−	:		= 3

1	3	3	11	12	16	18	19	36

9.

	+		:		×	
	+		:		−	
	+		×			= 27

1	2	3	3	4	8	11	16	29

10.

	+		:		×	
	+		:		−	
	+		×			= 20

1	2	2	3	4	5	7	18	19

Knobelaufgaben

1.

	:	5	=	5
−		+		×
15	−			

10	+	15	=	25

2.

100	×		=	400
+		×		:
100		25		
−		:		+
		4		60

75	+		=	100

3.

24	:		=	12
−		×		+
		6		

	+	12	=	

4.

	:	11	=	7
+		×		×
18				
−		−		+
38		2		28

57	+	20	=	77

5.

28	+		=	56
−		−		−
		18		

			=	28

6.

2	+		+	7	=	14
−		−		−		−
		1				2
+		+		×		:
9		6		6		

10	+		−	18	=	2

7.

16	+		=	30
×		+		–
		2		
32	–		=	16

8.

7	+	8	–		+	2	=	7

9.

	:	8	×		+	11	=	88

Rechnen mit Buchstaben

Jeder Buchstabe steht für eine bestimmte Zahl; gleiche Buchstaben bedeuten also gleiche Zahlen. Durch Überlegen und Ausprobieren können Sie die entsprechenden Zahlen herausfinden. Selbstverständlich ändert sich die Bedeutung der Buchstaben von Aufgabe zu Aufgabe.

1.

SBB	:	XC	=	NB
–		+		+
CTY	–	VVM	=	LBB
NBN	+	VLM	=	YXG

2.

DSA	–	UPU	=	SGD
:		–		+
UA	+	SF	=	DM
SA	+	USP	=	UUF

3.

UTM	+	TGH	=	WMT
–		+		–
AWB	–	TFU	=	MMH
AMB	+	MBR	=	FHM

4.

AGM	+	ZHB	=	XMH
–		:		–
BP	×	HX	=	ZKP
ABM	–	QK	=	AHH

5.

BYB	–	UDS	=	FUD
:		–		–
SD	+	UNN	=	USD
UR	×	DS	=	SRN

6.

KL	×	AD	=	DAK
×		+		+
DA	+	AEL	=	KKB
FLL	–	KXF	=	BDF

7.

CMN	−	OSM	=	RTV
:		−		+
RC	×	BR	=	TTC
ME	+	NNB	=	ERF

8.

CD	×	CX	=	UZX
×		+		−
DU	+	DFU	=	DCF
GDU	+	DGC	=	SSX

9.

HIW	:	FD	=	AH
:		+		+
OH	−	FF	=	LY
L	+	IA	=	II

10.

KS	×	GH	=	LMKM
+		+		:
NM	+	LP	=	UM
EP	−	NH	=	KL

11.

FLS	+	MUT	=	LMU
−		−		−
HT	+	IM	=	GG
FMF	+	MMU	=	HFG

12.

RE	×	VS	=	SSS
+		×		−
ST	−	UB	=	UE
BR	+	CRS	=	SUX

Wie viele Schafe gehören zur Herde?

Wenn der Schäfer seine Tiere paarweise in den Stall treibt, so bleibt eines übrig. Führt er sie zu dritt, zu viert, zu fünft oder zu sechst, bleibt wiederum eines allein. Erst wenn er Gruppen aus jeweils sieben Schafen bildet, ist keines mehr überzählig. Wie viele Schafe gehören zur Herde?

Summen voraussagen

Karl bittet Dieter, drei beliebige, aber vierstellige Zahlen untereinander zu schreiben:

2 3 5 6
3 2 6 7
5 1 3 8

»Gut«, sagt Karl, »jetzt notiere ich noch drei vierstellige Zahlen; dann kannst du alles addieren, und du wirst sehen, die Endsumme ist 29 997.«

Er schreibt:

7	6	4	3
6	7	3	2
4	8	6	1

Dieter zählt zusammen – tatsächlich, die Endsumme ist 29 997!
Wieso konnte Karl das Ergebnis voraussagen?

Differenz erraten

Sabine bittet Karin, eine dreistellige Zahl aufzuschreiben, bestehend aus drei verschiedenen Ziffern. »So, bitte, darunter dieselben Ziffern in umgekehrter Reihenfolge. Und nun die untere Zahl von der oberen abziehen!«
Auf dem Blatt steht z. B.:

8	6	2
2	6	8
5	9	4

»Nun nenne mir bitte die erste Ziffer, und ich werde dir das Ergebnis sagen.«
»5.« – »Dann ist es 594!«
Woher wußte Sabine das Resultat?

Viechereien

1. Fritz verbringt seine Ferien bei einem Bauern auf dem Lande. Er fragt ihn: »Wie viele Hühner haben Sie denn eigentlich auf dem Hof?«
Der Bauer: »Wenn du die Köpfe und die Beine aller Hühner zusammenzählst, erhältst du die Zahl 228.«
Wie viele Hühner waren auf dem Hof?

2. Auf dem Bauernhof gibt es Hühner und Kaninchen. Sie haben zusammen 38 Köpfe und 100 Beine.
Wie viele Hühner und wie viele Kaninchen sind es?

3. Ein Bauer besitzt viermal so viele Kühe wie Pferde. Der Bestand an Schweinen ist um drei Stück größer als die dreifache Anzahl von Pferden und Kühen zusammen. Insgesamt sind es 63 Tiere.
Wie viele Pferde, Kühe und Schweine besitzt der Bauer?

Bare Münze

Philipp läßt sich sein Taschengeld in kleinen Münzen geben, um alle Taschen seines Anzuges damit zu füllen. Wenn er in jede fünf Geldstücke tut, bleiben drei übrig. Will er in jede Tasche sechs Münzen stecken, so bleiben für die letzte Tasche nur zwei.
Wie viele Taschen und wie viele Münzen hat Philipp?

Mathematischer Zirkus

Elefanten, Strauße tanzen.
Rüssel, Schnäbel, zwölf im ganzen.
Und drei volle Dutzend Bein,
die des Dompteurs mit darein.

Kleiner (Denk-) Ausflug

An einem Ausflug nehmen 72 Personen teil, und zwar doppelt so viele Mädchen wie Knaben und doppelt so viele Erwachsene wie Kinder.
Wie viele Knaben, Mädchen und Erwachsene nehmen teil?

Die Verfolgungsjagd

Hasso läuft 15 m in der Sekunde und verfolgt einen Hasen, der 100 m Vorsprung hat und mit einer Geschwindigkeit von 10 m in der Sekunde flüchtet.
Nach welcher Zeit holt Hasso den Hasen ein?

Wo fehlt das gestohlene Brot?

Auf fünf Säcke hat die Bäckerin jeweils 20, 30, 40, 50 und 60 gleich große und gleich schwere Brote verteilt. Kurz darauf wurde eines aus einem Sack gestohlen. Aber aus welchem?
Der Bäckerin steht nur eine Schalenwaage ohne Gewichte zur Verfügung. Trotzdem hat sie durch zweimaliges Wiegen herausgefunden, in welchem Sack ein Brot fehlte.
Wie hat sie das geschafft?

Jagd auf den Täter

Der Täter floh in einem PKW. Nach der Befragung einiger Zeugen wußte man, daß der Wagen ein Kennzeichen mit einer vierstelligen Nummer und mit zwei Buchstaben hatte. Diese lauteten A und B oder A und D. Die letzten beiden Ziffern bildeten die Zahl 69 oder 96, während die beiden ersten weder eine 6 noch eine 9 enthielten, aber identisch waren.
Wie viele Kennzeichen mußte die Polizei nach diesen Angaben suchen?

Die Sache mit dem Zufall

Zwei Freunde pflegen am Stammtisch die Bezahlung ihrer Biere mit Streichhölzern auszuknobeln: Beide nehmen von einem Häufchen Streichhölzer eine beliebige Menge in die geschlossene Hand. Dann wird geraten, ob die in der

Hand des Gegners befindliche Anzahl eine gerade oder eine ungerade ist. Im Laufe der Zeit stellt sich heraus, daß Ungerade häufiger gewinnt als Gerade.
Ist das einfach Zufall, oder gibt es dafür bestimmte Gründe?

Schulausflug

Die ganze Schule macht einen Ausflug. Da sich 1008 Schüler im Haus befinden, muß man sie in Gruppen aufteilen. Jeder der zwölf Lehrer übernimmt eine Gruppe, und zwar sollen in jeder immer zwei Schüler mehr sein als in der vorhergehenden.
Wie viele Schüler wurden der ersten Gruppe zugeteilt?

Das Erbe

Ein Vater bestimmte in seinem Testament: »In meinem Keller befinden sich fünfzehn Weinfässer, fünf volle, fünf halbvolle und fünf leere. Meine drei Söhne sollen sich dieses Erbe so teilen, daß jeder gleich viel Wein und gleich viele Fässer hat.«
Wie haben sie das Problem gelöst? Natürlich durfte der Wein nicht umgefüllt werden, da er sonst gelitten hätte.

Achtung Fallgrube!

Ein großer Ziegelstein wiegt 1 kg und die Hälfte seines Gewichtes.
Wie schwer ist er?

Dazwischen – immer Zwischenräume

In einer Dorfstraße stehen auf beiden Seiten insgesamt 45 Laternen. Der Abstand von einer zur anderen beträgt immer 30 m. Die Laternen sind so aufgestellt, daß sich stets eine genau in der Mitte zwischen den beiden gegenüberstehenden befindet.
Wie lang ist die Straße?

Der sparsame Spengler

Spenglermeister Blech ist sparsam. Dieses eigenartig geformte Stück blieb von einem großen Blech übrig. Der Lehrling wollte es eben in die Ecke zu den Abfällen werfen, da aber rief der Meister:
»Halt, dazu ist es doch zu schade. Daraus läßt sich mit wenig Mühe noch ein Quadrat machen, und zwar ohne Abfall!«
»Aus diesem zerschnittenen Stück?« staunte der Lehrling.

»Natürlich!« lachte der Meister, »und sogar mit nur einem einzigen geraden Schnitt. Die beiden Stücke lassen sich dann zu einem einwandfreien Quadrat zusammenfügen.«

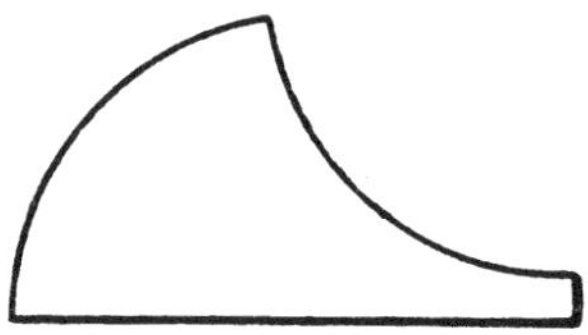

Vergilbtes Manuskript

Die mit Punkten gekennzeichneten unleserlichen Ziffern sind zu ergänzen!

```
 . . . . × 5 3 8
-----------------
   . . . .
     2 2 0 2
         . . . 6
-----------------
   . . . . . 9 .
=================
```

Jack Londons Aufgabe

Jack London beschrieb in einer seiner Erzählungen folgende Situation: In Alaska eilte er auf einem Schlitten, der mit fünf Hunden bespannt war, von Skagway zu seinem Lager mit seinen sterbenden Kameraden.

Die ersten 24 Stunden fährt der Schlitten mit der vollen von Jack London vorausberechneten Geschwindigkeit. Dann aber zerreißen zwei Hunde das Geschirr und laufen vor einem Rudel Wölfe davon. London setzt die Fahrt mit drei Hunden und $\frac{3}{5}$ der Geschwindigkeit fort. Durch die Verzögerung kommt er zweimal 24 Stunden später als geplant im Lager an. Dazu bemerkt er: »Wenn die beiden Hunde, die ausfielen, noch 50 Meilen im Geschirr mitgelaufen wären, hätte ich mich nur um einen Tag gegenüber der berechneten Zeit verspätet.«

Wie weit ist die Entfernung von Skagway zum Lager?

Junge Beine – alte Beine

Hinz und Kunz wohnen im selben Haus und arbeiten im selben Geschäft. Hinz ist noch jung und braucht für die Strecke bis zu seinem Arbeitsplatz genau 20 Minuten. Kunz hat alte Beine und geht 30 Minuten.

Nach wieviel Minuten holt Hinz seinen Freund Kunz ein, wenn Kunz das Haus 5 Minuten früher verläßt?

Schneckentempo

Eine arme Schnecke sitzt tief unten im Brunnen und will heraus. 21 m hoch ist die Wand – da heißt es klettern! Jeden

Tag kriecht die Schnecke 7 m hoch, rutscht aber nachts wieder 4 m zurück. Am wievielten Tag hat die Schnecke den Brunnenrand erreicht?

Der nachdenkliche Kraftfahrer

Kraftfahrer Meier schaut auf den Kilometerzähler, liest 15 951 km ab, stutzt und freut sich dann über die interessante Zahl, die von links und von rechts her gelesen gleichlautend ist. Dabei denkt er: »Ob wohl bald wieder eine derartige Zahl erscheinen wird?« – Nach zwei Stunden Fahrt zeigt der Zähler wieder eine symmetrische Ziffernfolge.
Mit welcher Durchschnittsgeschwindigkeit ist Kraftfahrer Meier die Strecke gefahren?

Kleiner Gedankenspaziergang

Der Förster will seine Jagdhütte aufsuchen, die 4 km entfernt von seiner Wohnung im Wald liegt. Er geht durchschnittlich 5 km in der Stunde. Sein Hund läuft voraus zur Hütte, dann zurück zu seinem Herrn, nun wieder zur Hütte, danach wieder zum Förster usw., bis schließlich beide bei der Hütte eintreffen.
Welche Strecke ist der Hund gelaufen, wenn er durchschnittlich 15 km in der Stunde zurücklegt?

Die Schneiderin

Es war einmal eine Schneiderin, die nähte Kinderhemden, nichts als Kinderhemden, und zwar jeden Tag eines. Für jedes brauchte sie genau 1 m Stoff. Sie hatte sich gleich einen ganzen Ballen gekauft: 87 m. Wie oft mußte sie davon nun 1 m abschneiden, bis der Stoff aufgebraucht war?

Der Kuhhandel

Es war einmal ein Bauer, der hatte 17 Kühe. Als er im Sterben lag, sprach er zu seinen drei Söhnen: »Ich vermach' euch meine 17 Kühe. Und zwar soll der Älteste die Hälfte davon bekommen, der zweite Sohn ein Drittel und der Jüngste ein Neuntel.«
Nach seinem Tod überlegten die Söhne hin und her, wie sie dieses seltsame Erbe antreten sollten. Sie konnten die Kühe doch nicht auseinanderschneiden! Zuletzt fragten sie den klugen Nachbarn um Hilfe. Der lachte nur –

und bald war die Teilung geschehen, genau nach dem Wunsch des Vaters. Wie ging das zu?

Das Jubiläum

Zum Geschäftsjubiläum möchte der Lebensmittelhändler seinen treuen Kundinnen eine Freude machen. Der ersten Frau verkauft er die Hälfte seines Eiervorrats nicht nur zum halben Preis, sondern er gibt ihr sogar noch ein halbes Ei dazu. Die zweite Kundin bekommt von den übriggebliebenen Eiern wiederum die Hälfte und erhält zudem ein halbes Ei. Mit der dritten und vierten Käuferin verfährt er ebenso: immer die Hälfte des verbliebenen Vorrats und ein halbes Ei als Zugabe. Zur fünften Kundin sagt er: »Tut mir leid, ich habe leider nur noch dieses eine Ei. Und das will ich Ihnen schenken.«
Wie groß war der Vorrat, als er mit dem Sonderverkauf begann? Und wie verhielt es sich mit den halben Eiern als Zugabe, denn zerbrochen wurde nicht eines!

Der Einbrecher

Ein Einbrecher möchte seine Verlobte mit Ohrringen beschenken. Deshalb steigt er mitten in der Nacht in ein Juweliergeschäft ein. Es liegen in der Schublade allerdings 18 gleichartige silberne und 18 gleichartige goldene Ohrringe, und das Licht einzuschalten wäre zu gefährlich. Wie viele Schmuckstücke muß er mitnehmen, um ganz sicher zu sein, ein passendes Paar zu erwischen?

Spielereien mit Wörtern und Buchstaben

Es gibt eine solche Vielzahl von Rätseln mit Wörtern, Silben und Buchstaben, daß Ihnen sicher nicht alle bekannt sind. In diesem Kapitel werden z. B. magische Figuren, Wortkaskaden, Umwandlungs-, Schüttel-, Rücklauf- und Wechselrätsel vorgestellt, die man allein oder in einer Gruppe lösen kann. Zu den Rätselarten hier noch einige Erklärungen, sofern sie nicht jeweils dabei stehen.

Die **magischen Figuren** sind in Fächer aufgeteilt, in denen die eingetragenen Wörter einander kreuzen. Sie ergeben in den entsprechenden Reihen von oben nach unten und von links nach rechts gelesen denselben Sinn. Die älteste Form dieser Rätsel ist das Quadrat, es gibt aber auch Pyramiden, Kammrätsel und Dreiecke.

Beim **Schüttelrätsel** bildet man durch Umstellen der Buchstaben ein neues Wort. Zur Erleichterung wird jeder durch eine Ziffer gekennzeichnet. Gleiche Zahlen bedeuten gleiche Buchstaben.

Bei den **Rücklaufrätseln** ergeben die Lösungswörter vorwärts und rückwärts gelesen entweder den gleichen oder einen anderen Sinn.

Beim **Wechselrätsel** wechselt man einzelne Buchstaben oder Silben eines Wortes so aus, daß es eine andere Bedeutung bekommt. So wird z. B. aus »Kette« »Mette«, aus »Ansicht« »Hinsicht« und aus »Zeitmaß« »zeitlos«. Anfangs- und Endbuchstaben sind hier vorgegeben und die fehlenden durch Punkte gekennzeichnet.

Quadraträtsel

1.

1	2	3	4
2			
3			
4			

5	6	7	8
6			
7			
8			

9	10	11	12
10			
11			
12			

13	14	15	16
14			
15			
16			

1. Deutscher Strom; **2.** englisch: Löwe; **3.** Wasserfahrzeug; **4.** Schwimmvogel; **5.** Tier der Wildnis; **6.** Gegenteil von fleißig; **7.** Körperteil; **8.** Mädchenname; **9.** Kleidungsstück; **10.** länglichrund; **11.** Erster König Israels; **12.** Mädchenname; **13.** Nährmutter; **14.** Nebenfluß des Rheins; **15.** Nagetier; **16.** Kamin

2.

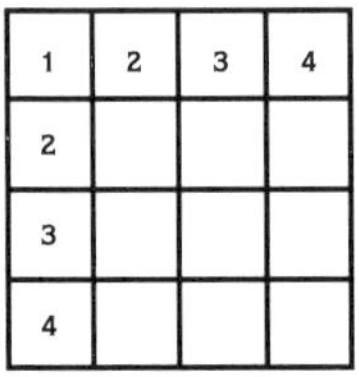

1. Papagei; **2.** Wärmespender; **3.** Nahrungsmittel; **4.** Nachrichtenagentur Rom

3.

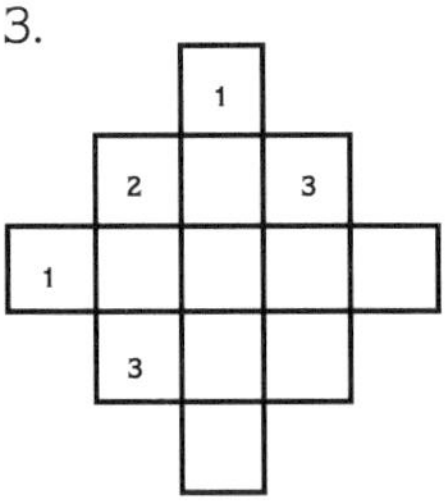

1. Jungenname; **2.** Gewässer;
3. englisch: Ende

4.

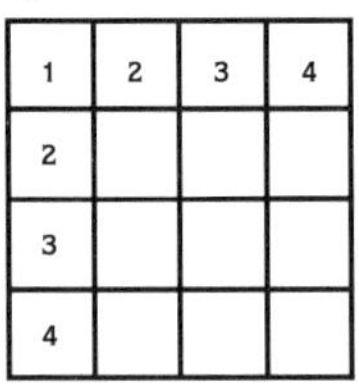

1. Behälter; **2.** Fluß in Deutschland; **3.** Gewässer (Mehrzahl); **4.** Mädchenname

Kammrätsel

1.

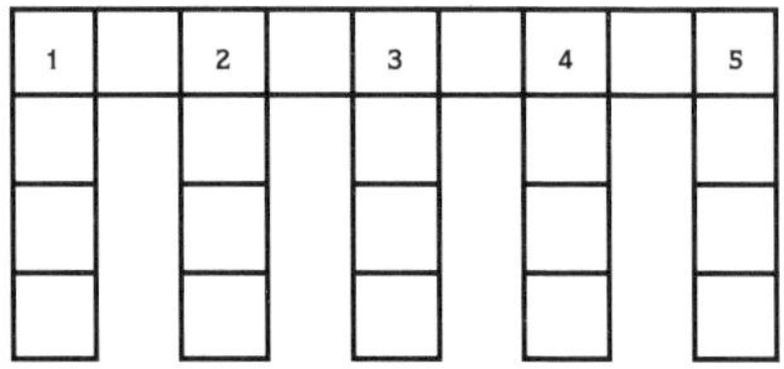

Waagerecht: Stadt in Israel
Senkrecht: **1.** Jüdischer Jungenname; **2.** Buch aus dem Alten Testament; **3.** Feste Schnur; **4.** Klebstoff; **5.** Nagetier

2.

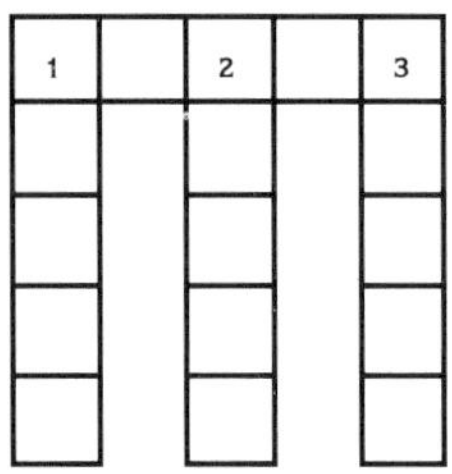

Waagerecht: Singvogel
Senkrecht: **1.** Schiffsbefestigung; **2.** Unterlage für Stalltiere; **3.** Singvogel (ch=1 Buchstabe)

3.

1		2		3		4

Waagerecht: Lateinischer Name für Österreich
Senkrecht: **1.** Klettertier; **2.** Streumittel, Gewürz; **3.** Jungenname; **4.** Fahrzeug

4.

1		2		3		4

Waagerecht: Insel im Mittelmeer
Senkrecht: **1.** Lasttier; **2.** Turnabteilung; **3.** Nebenfluß der Donau; **4.** Herbstblume

Punkt – Punkt – Punkt

Statt der Punkte sind folgende Buchstaben einzusetzen, so daß vier Wörter entstehen.

A – E – E – G – J – K – N – O – S – T – T – Z

E R . . .
. E R . .
. . E R .
. . . E R

1. Muse; **2.** Leuchtkörper; **3.** Himmelskörper; **4.** Vogel

Die Spitze fehlt

Für jeden Strich ist ein Buchstabe einzusetzen, so daß in den senkrechten Reihen sinnvolle Hauptwörter entstehen!

1. Bei richtiger Lösung nennt die obere Waagerechte eine Schweizer Käsesorte.

–	–	–	–	–	–	–	–	–	–
N	**E**	**E**	**M**	**I**	**A**	**P**	**I**	**R**	**E**
G	**D**	**E**	**D**	**M**	**L**	**R**	**N**	**I**	**N**
E	**E**	**R**	**E**	**E**	**E**	**I**	**D**	**K**	**T**
L	**A**	**E**	**N**	**S**	**R**	**L**	**E**	**A**	**E**

2. Bei richtiger Lösung nennt die obere Waagerechte einen Storchenvogel.

–	–	–	–	–	–	–	–	–	–
I	**K**	**E**	**E**	**N**	**A**	**I**	**D**	**A**	**A**
P	**O**	**N**	**R**	**Z**	**C**	**C**	**R**	**R**	**R**
P	**N**	**S**	**G**	**Y**	**H**	**H**	**E**	**N**	**O**
O	**E**	**C**	**E**	**M**	**E**	**E**	**T**	**E**	**C**
N	**N**	**H**	**L**	**E**	**N**	**L**	**T**	**N**	**K**

17 und 4

In den Buchstabenreihen sind 21 Wörter versteckt. 17 vorgegebene und 4, die Sie selbst entdecken müssen. Die Wörter sind aber nicht nur in der üblichen Leserichtung angeordnet, sondern stehen auch von rechts nach links, von oben nach unten, von unten nach oben sowie in allen vier Diagonalen. Es ist zweckmäßig, die bereits gefundenen Wörter zu umrahmen.

1. AFFE
2. BAER
3. BIBER
4. DACHS
5. ELCH
6. ESEL
7. FUCHS
8. GEPARD
9. HASE
10. IGEL
11. KAMEL
12. LAMA
13. LUCHS
14. MAUS
15. TAPIR
16. TIGER
17. ZIEGE
18.
19.
20.
21.

R	K	A	H	C	L	E	T	L	E	A	S	T	R	A
E	O	P	R	I	P	A	T	E	H	G	E	N	F	A
A	L	P	A	R	E	M	I	M	E	R	E	F	E	N
B	D	E	F	R	A	S	U	A	S	B	E	I	R	U
C	H	S	V	E	E	R	E	K	S	U	T	C	Z	H
D	E	F	R	G	R	E	X	L	P	N	L	E	G	I
T	R	U	A	R	S	D	T	O	A	R	N	M	I	S
T	E	C	R	G	E	E	X	F	B	E	N	A	K	E
R	A	H	S	L	I	G	E	N	I	O	P	U	O	L
F	Y	S	E	A	T	L	I	H	B	Y	L	S	E	N
A	C	H	L	M	E	O	R	T	E	D	A	C	H	S
H	O	F	E	A	O	R	M	A	R	L	I	N	G	E
C	N	S	T	I	T	I	V	E	W	E	O	L	I	S
S	A	M	L	U	C	H	S	U	S	T	U	N	O	W
H	S	E	E	L	D	R	A	P	E	G	A	C	H	S

Ob es hilft?

Dem Meier-Max, der gar so viel darüber redet, wie klug er ist und wie wenig ihm das Schicksal anhaben kann, schenkten die Kollegen zum Geburtstag diese Dominosteinchen. Nachdem er sie richtig gelesen hatte, konnte er ein altes Sprichwort aus Spanien lesen.

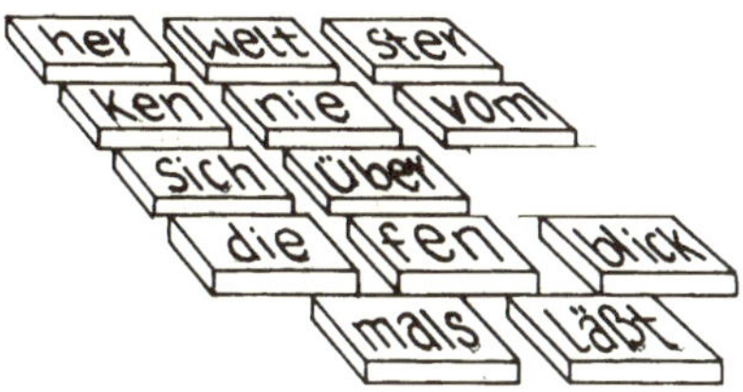

Polizeibericht

Erst schlugen sie sämtliche Fensterscheiben und
1 11 3 3 – 1 9 3 – 5 9 4 – 3 11 7 8 – 1 9 13 – 1 6 12 10 9 – 9 2 3.
An Stelle der Zahlen setze man Buchstaben, so daß Wörter entstehen, die den Bericht ergänzen. Um herauszubekommen, welche Ziffer für welchen Buchstaben steht, müssen Sie erst die Schlüsselwörter herausfinden.
Schlüsselwörter: 1 2 3 4 = anderes Wort für Sache, 5 6 7 8 9 = Teil des Jahres, 10 11 12 13 = Bauerngut.

Fatale Erfindung

Als der Mensch die 1 2 3 erfunden,
da war auch seine 3 2 1 verschwunden.

Dreimal dieselben und doch nicht dasselbe

1 2 3 4 5 – Um mich dreht sich vieles, wenn nicht gar alles, weit über die Grenzen des Erdenballes.

1 4 2 3 5 – Die letzte Spur von allem, was nur trägt Erdennatur.

4 1 2 3 5 – Nennst du ein Ding, groß und gering, nennst du auch mich ganz sicherlich.

Der geschüttelte Besuch

GERD LINTAST, KIRCHRODE
Bitte schütteln Sie ihn kräftig, dann verrät er Ihnen seinen Beruf.

Aus zwei mach eins

Kabine – Hubertus
Geheimrat – Teheran
Admiral – Tiroler
Leithammel – Zisterne

Meiningen – Sevilla
Kochelsee – Abendstern
Jedem Wort einer Zweiergruppe ist je eine Silbe zu entnehmen, die zusammengesetzt ein Hauptwort bilden. Die Anfangsbuchstaben der sechs neuen Begriffe ergeben den Namen eines deutschen Komponisten.

Geschüttelte Literatur

Sie kennen weder Herrn Hegteo noch die Tragödie »Saftu«? Kein Wunder! Aber durch Umstellen der Buchstaben wird es Ihnen leichtfallen, aus dem Beispiel oben sowie aus allen folgenden die Schriftsteller und je eines ihrer Werke – Romane oder Theaterstücke – herauszufinden.

1. Amy: »Unnewito«
2. Nevnostes: »Taschlensieid«
3. Oedef: »Nosseurricnob«
4. Pisry: »Diehi«
5. Ladaaf: »Rauswelknamenninn«
6. Poroec: »Peterfremusld«
7. Hegteo: »Saftu«
8. Toesbwehere: »Tütkoelmsoenth«
9. Leschirl: »Laniestweln«
10. Rübnech: »Stondanodt«
11. Leschirl: »Lethlilwelm«
12. Gisnels: »Staneisenhader«
13. Kaeseparseh: »Atlemh«
14. Beins: »Rytgepen«
15. Stekli: »Erzgreuderkrobchen«
16. Romeile: »Kein Lied kante der geber«
17. Stifw: »Leise vers glurin«

Das Ei des Kolumbus

Man braucht ein Ei nur umzukehren, um
aus einem Alten ein Nahrungsmittel,
aus einem Dichter ein Hausteil,
aus einem Getränk eine große Stadt,
aus einem Stück Holz eine Hafenstadt,
aus Kummer Gesang
und aus Körperteilen ein Insekt zu machen.

Zweimal das gleiche und doch nicht das gleiche

Die Gedankenstriche sind durch gleichlautende Wörter zu ersetzen!

1. In der kleinen Stube ist es kaum auszuhalten, weil dort so viele --.
2. Der Trompeter Schmidt hat an seinen Lippen vom --.
3. Sieh doch, wie die Hunde über den --.
4. Vielfach sind die Menschen uneinig. Manchmal trifft man auch --.
5. Der Fluß heißt entweder Elbe --.

Abstrichrätsel

Stand – Werber – Wiesel – Bestäubung – Schacht – Sachwert – Pendant – Schaum – Kante – Runde – Liese – Rast – Orange – Adler – Wald – Fieber
Aus jedem Wort streichen Sie einen Buchstaben heraus, so daß ein neuer Begriff entsteht. Die gestrichenen Buchstaben nennen, aneinandergereiht, eine Oper von Richard Wagner.

Mein Rat

Hat sich ein Mädchen, das du liebst,
als 1 2 3 4 5 6 erwiesen,
so laß es dich, ich rat' dir gut,
nicht allzu sehr verdrießen.
Ich weiß ein Mittel, welches dich
kann trösten im Verdrusse.

Es ist die 1 3 2 4 5 6
mit 7 noch am Schlusse.
Ihr Inhalt kann mit Zauberkraft,
wenn dich die Menschen kränken,
im 4 5 6 3 2 und 1
dir schnell den Schmerz versenken.

Schüttelrätsel (Anagramm)

1. Ich steh' im Blumengarten
und streue Düfte aus.
Geschüttelt werde ich
zu einem Götterknaben;
Nun rate mich!

1 2 3 4 R . . e
4 1 2 3 E . . s

2. Das erste wird sich auf die Zeit
beziehen,
die Fische werden wohl das
zweite fliehen!

1 2 3 4 5 L . . . e
2 3 4 5 1 A . . . l

3. Ich fasse Flüssigkeit!
Schüttle mich, ein Philosoph
steht auf, aus alter Zeit!

1 2 3 4 T . . k
4 2 3 1 K . . t

4. Das erste: Ich heiße mit Vornamen so!
Das zweite: Ich stehe am Himmel irgendwo!

1 2 3 4 5 E . . . t
4 5 1 2 3 S . . . n

5. Wie heißt das Wort, das mit dem
gleichen Zeichen mal anfängt
und mal schließt und doch in
jeder Form dasselbe ist?

1 2 3 4 5 L . . . e
2 3 4 5 1 A . . . l

6. Ein menschlich Wesen ist's zuerst,
dann wird's ein kleines Tier,
und schließlich eine Stadt;
nun rat es mir!

1 2 3 4 D . . e
3 2 1 4 M . . e
4 1 2 3 E . . m

7. So heißt in ihrem Lande eine
Stadt;
geschüttelt schießt es seine
Pfeile ab!

1 2 3 4 R . . a
4 3 2 1 A . . r

8. Wer nicht mag die Glieder regen,
lieber sie möcht niederlegen,
ist in diesem Wort gemeint;
ändert man das Wort ein wenig,
dann verschmäht es auch kein
König,
weil's gesund der Geist und Leib!

1 2 3 4 f . . l
1 2 3 1 L . . f

9. Ein Wörtchen, das mit »e« und »i«
gelesen,
verschafft ein fröhlich Wesen;
gefällt's uns, »i« und »e« zu setzen,
wird's eine Stadt, wo viele sich
ergötzen.

1 2 3 4 W . . n
1 3 2 4 W . . n

10. Ein doppelt »t«,
ein kleines »e«,
ein rundes »o«,
ein scharfes »r«,
die stelle so,
wie's klingt und paßt:
und sieh, du hast,
was lieblich schmeckt
und manchen schreckt!

1 2 3 4 5 T . . . e
3 2 4 1 5 R . . . e

Sprichwörter und Redensarten verdreht

1. Morgenstund ist aller Laster Anfang.
2. Wer andern eine Grube gräbt, fühlt auch den Schmerz.
3. Ein Spatz in der Hand macht noch keinen Sommer.
4. Neue Besen verderben den Brei.
5. Gebrannte Kinder erkennt man am Lachen.
6. Spare in der Not, da hast du Zeit dazu.
7. Die Axt im Haus hat Gold im Mund.
8. Frisch gewagt hat nie gereut.
9. Wo zwei sich streiten, fallen Späne.
10. Quäle nie ein Tier zum Scherz, denn es könnte geladen sein.
11. Steter Tropfen rostet nicht.
12. Viele Köche haben kurze Beine.
13. Wer selbst im Glashaus sitzt, soll nicht in die Sonne gehen.
14. Wer zuletzt lacht, muß essen, was übrigbleibt.
15. Ein voller Bauch geht übers Studieren.

Neuer Kopf

Durch Voransetzen eines Buchstabens sollen die vorgegebenen Wörter eine andere Bedeutung erhalten. Die Kopfbuchstaben bilden dann den Vor- und den Zunamen einer Schauspielerin.

1.	-RENE	6.	-TAGE
2.	-ANNE	7.	-ACHT
3.	-RAIN	8.	-EGEL
4.	-LOGE	9.	-STER
5.	-ADAM	10.	-EGER

Doppelsinnrätsel

Ich war ein Komponist von Gottes Gnaden,
und schuf manch Werk, das ihn lobpreisen kann.
Doch siehst du auch in manchem Tal mich laufen,
und Labung spend' ich oft dem Wandersmann.

Die Rätselpyramide

Auf jeden Strich ist ein Buchstabe zu setzen von Wörtern folgender Bedeutung:
1. Mitlaut; **2.** Mädchenname;
3. Walfett, **4.** Ausscheidung des Wals;
5. Tageszeit; **6.** Monat
Bei richtiger Lösung ergeben die sechs Anfangsbuchstaben der erratenen Wörter von oben nach unten gelesen und die Endbuchstaben von unten nach oben gelesen eine bekannte und sehr gefürchtete Erscheinung in der Wüste.

Füllrätsel

Wir saßen unter einer . inde.
Mit vielen Zeichen in der . inde.
Die Zweige raschelten im . inde.
Da kam die Mutter mit dem . inde.
Das trug den Arm in einer . inde.
Die vorhin lag in einem . . inde.
Die Mutter streichelte . . . inde.
Die liebe kleine . . . . . inde.

Wortversteck

In den vorgegebenen Begriffen sind Wörter mit anderer Bedeutung versteckt. Finden Sie so viele wie möglich heraus. Im Lösungsteil ist nur eine Möglichkeit genannt.

1. Zigarettenschachtel
2. Wortversteck
3. Edelsteinschleifer
4. Naturalien
5. Vorschlaghammer
6. Radiosender
7. Fremdenverkehr
8. Bohrmaschine
9. Rabattmarkensammler
10. Steinkohlenbergwerk

Worträtsel

In den nachfolgenden Sätzen ist jeweils eine Baumart versteckt:

1. Dieter legt seinem Vater ein gutes Zeugnis vor.

2. Frank pflückt einen Strauß Weidenkätzchen.

3. Am Abend erzählte ich eine spannende Geschichte.

4. Zum Geburtstag bekam er das Buch: »Eine unheimliche Nacht«.

5. Kurt fiel in den See.

Sommerrätsel

Trocken liegt das erste auf der Wiese,
eh' man es zur Scheune schafft.
Später freut das zweite auf der Wiese
sich am neuen Gras voll Saft.
Das zweite scheint dem Ganzen wie ein Riese,
der sich alles rings errafft.
Und das Ganze springt nun durch die Wiese,
ist es auch klein, so hat es dennoch Kraft!

Hart und weich

Die Wörterpaare reimen sich,
ihr müßt auf gleichen Kopf nur achten,
und nur in der linken Reihe weich,
in der rechten hart zu finden trachten.
Aus Lettern, die am Schluß dann stehen,
ist ein Verwandtschaftswort zu sehen.

1. Krankheit – Stallgerät

2. Tischgerät – Seil

3. Tragmittel – Vorname

4. Weg – Geldbehälter

5. Neugieriger – Afrikaner

6. Grundstück – Spielgerät

Rücklaufrätsel (Palindrom)

1. Vorwärts haben's die Gelehrten,
   voll von Büchern groß und klein!
   Umgekehrt gebraucht's der Müde,
   will er ruhig schlafen ein.

R . . . l
L . . . r

2. Von vorn und von hinten gelesen,
bleiben wir, was wir sind:
Verwandte von Verwandten!
Nun rat geschwind!

N . . . . n

3. Man kann mich an der Nordsee
sehen;
ob von vorn oder von hinten
gesehen,
ich bleibe niemals stehen!

E . . e

4. Beginnt vorn, beginnt hinten,
ihr werdet stets das gleiche finden;
ich habe euch so viel gemessen,
und jetzt habt ihr mich ganz
vergessen.

E . . e

5. Vorwärts bin ich Schein,
rückwärts oft aus Leder.
Beides kennt ein jeder!

T . . g
G . . t

6. Drei Zeichen nennen dir ein Tier,
das findest du im Waldrevier.
Rückwärts gelesen, wird's ein
Ruf,
der oft aus Faulen Läufer schuf.

R . h
h . r

7. Vorwärts macht es naß und
trüb,
rückwärts ist es allen lieb.

N . . . l
L . . . n

8. Vorwärts bin ich ein Mensch
und rückwärts naß –
ja, was ist das?

N . . . r
R . . . n

9. Ich kann ein Land sein oder eine
Münze; verkehrt lieg' ich in Kam-
mern und in Buden.

M . . k
K . . m

Wechselrätsel (Logogriph)

1. Mit »i« dir fern, doch siehst du
mich entzückt;
mit »e« dir nah, doch ewig dir
entrückt!

G . . . . . n
g . . . . . n

2. Mit »B« wird's eine Hauptstadt
sein;
ohne »B« siehst du's bei Elefant
und Schwein.

B l
R l

3. Mit »s« man's oft beim Trinken hört,
mit »f« es seinen Mann ernährt.
P . . . . t
P . . . . t

4. Mit »W« beim Adel hochgeehrt,
mit »L« hat es fast keinen Wert.
W . . . . n
L . . . . n

5. Mit »a« muß es auf Schiffen sein,
mit »o« ist es sehr süßer Wein,
mit »i« ist's Tummelplatz der Schwein'!
M . . t
M . . t
M . . t

6. Mit einem »R« hat es zwei Bein',
mit einem »h« wird's etwas Heiteres sein.
R . . . . r
h . . . . r

7. Mit »K« bin ich ein Tier,
mit »h« fehlt eine Hälfte mir.
K . . b
h . . b

8. Mit »B« – ein Lümmel,
ohne »B« – im Himmel.
B l
E . . . l

9. Mit »h« – bringt es Armeen zum Stehen,
mit »k« – macht's, daß wir schneller gehen.
h . . t
k . . t

10. Mit »i« sieht rabenschwarz es aus;
mit »e« bringt's Helligkeit ins Haus.
f . . . . . r
F . . . . . r

Vorsicht!

Mit »ch« schweb ich bald leicht,
bald schwer von den Schornsteinen
der Fabriken her.
Doch schreibst du mich mit »sch«,
dann hüte dich vor mir,
gewöhnlich stamm ich dann von
Schnaps, Wein oder Bier.

Suchwort

Ein Wort mit vier Buchstaben wird gesucht: Es spielt zu Weihnachten und bei Geburtstagen eine große Rolle. Zudem kann man es mit verschiedenen Vorsilben verbinden, meist mit Verhältniswörtern. Hier ein Beispiel,

»Gang« wird zu **Ein**gang, **Zu**gang, **Rück**gang oder **Ab**gang. Das gesuchte Wort soll jeweils mit »auf«, »bei«, »ein«, »rück« und »zu« verbunden werden. So ergeben die Anfangsbuchstaben, richtig geordnet, den Namen eines afrikanischen Huftieres.

Viermal anders

Mit »t« man sie in Büchern liest,
Mit »n« sie durch Paris hinfließt.
Mit »d« von jeder Frau begehrt.
Mit »f« sie in das Bad gehört.

Es ist mein Eigentum

Es ist mein eigen,
mein Paß kann's dir zeigen –
doch ihr braucht es öfter als ich.
Ist das nicht verwunderlich?

In der Woche geht es nicht

Am Sonntag will ich dich gern besuchen,
erwarte mich zu Kaffee und Kuchen!
Am . . . . . . jedoch wirst du mich nicht sehn,
ich muß auf . . . . . . e dann gehn.

Auf dem Bauernhof

Vier gehen,
vier hängen,
zwei sind spitz,
zwei glitzern,
einer jagt Fliegen!

Ein Staatsmann spricht:

Soll ich euch sicher . . . .
den Staat,
ist . . . . zu erhöhen mein
bester Rat!

Geheimschrift in Zahlen

Jede Zahl steht für einen bestimmten Buchstaben; gleiche Zahlen bedeuten gleiche Buchstaben. Das »ß« wird zu »ss«, Umlaute schreibt man »ae«, »oe«, »ue«. Durch Überlegen und Ausprobieren können Sie dann bekannte Sprichwörter erraten. Selbstverständlich ändert sich die Bedeutung der Zahlen von Aufgabe zu Aufgabe.

1. 12 19 3 3 17 6 2 14 19 7 12
11 14 4 16 21 15 18 10 17 11 6 7
18 19 8 6 2 7 6 3 17 4 16 21.

2. 22 5 21 12 19 4 20 1 18 16
22 20 9 9 21 16, 12 5 21 21
14 5 4 12 20 15 16 19', 12 5 21
6 19 17 2 5 19 1 18
7 17 20 4 17 14 5 4 12 17 15 4
24 19.

3. 8 21 14 7 5 18 9 19 20 4 5 18
2 5 19 20 5 11 15 3 8.

4. 2 11 5 3 20 8 16 4 1
2 11 5 3 20 8 2 5 14 5 11 11 25
14 3 20 8 2 5 12 4.

5. 5 10 18 2 11 8 13 14 17 8 15
6 3 14 2 10 9 15 21 5
5 17 8 15.

6. 26 17 8 21 7 11 11 26 13
9 2 18 3 4 16 14 18 10 17 26 13 14
8 17 3 4 14 1 26 13 8.

7. 2 4 11 2 13 1 3 25 6 18 20 2
15 6 1 3 16 11 14 1 3
9 2 4 11 2 11 13 14 15 15 2 12.

8. 23 4 14 20 19 11 2 19 15 2
8 4 10 10 14 15
7 2 14 21 13 26 2 10, 7 4 14
22 2 13 14 1 11 17 2 7 2
10 17 1 11 15 4 19 3
9 21 13 26 2 10.

Eins paßt nicht in die Reihe

In jeder Wortreihe sind fünf Begriffe zusammengestellt, von denen aber einer nicht zu den anderen paßt. Welcher ist es?

1. München – Hannover – Köln – Düsseldorf – Wiesbaden
2. Linde – Tanne – Eibe – Fichte – Kiefer
3. Stein – Eisen – Kupfer – Silber – Zink
4. Peter – Petra – Karl – Jens – Rolf
5. Düsseldorf – Köln – Bonn – Frankfurt/Main – Essen
6. Flügel – Schnabel – Pelz – Feder – Daune
7. Meise – Star – Amsel – Storch – Lerche
8. Hut – Hemd – Hose – Rock – Rucksack
9. Burgund – Oxford – Elsaß – Bretagne – Lothringen

Verschieberätsel

Hier muß man ein bißchen probieren. Die neun Jungennamen sollen seitlich so verschoben werden, daß man senkrecht den Namens eines Wasserfalls lesen kann.

Peter	
Hans	
Sebastian	
Dieter	
Egon	
Fritz	
Reinhard	
Karl	
Nils	

Neue Köpfe

Ersetzen Sie bei den folgenden Wörtern jeden Anfangsbuchstaben durch einen anderen. Dadurch entsteht jeweils eine neue Bedeutung, die bereits durch die Definitionen in Klammern vorgegeben ist. Liest man dann die neuen Anfangsbuchstaben von oben nach unten, so ergibt sich ein Sprichwort.

1. Kleve (Schüler, Lehrling bestimmter Berufe)
2. Aller (Nebenfluß der Donau)
3. Hagel (Schutz des letzten Fingergliedes)
4. Oder (Nebenfluß der Fulda)
5. Letter (englische Hunderasse)
6. Soda (Schlußteil eines musikalischen Satzes)
7. Deck (der hintere Teil eines Schiffes)
8. Nasa (schwedisches Herrschergeschlecht, 1523 – 1654)
9. Edam (der erste Mensch)
10. Wanze (alte Stoß- und Wurfwaffe)
11. Kutter (Nahrungsmittel)
12. Iris (Göttin der Zwietracht)

13. Lotto (Leitgedanke, Leitwort)
14. Er (Flächenmaß)
15. Volt (Revolver)
16. Nebel (deutscher Dichter)
17. Ritus (römischer Feldherr)
18. Vase (Gesichtsteil)
19. Alm (Lurch)
20. Kent (amerikanische Münze)
21. Sand (Körperteil)
22. Rassel (hessische Stadt)
23. Ober (männliches Schwein)
24. All (Nebenfluß des Rheins)
25. Miete (Fehllos in der Lotterie)
26. Aden (Paradiesgarten)
27. Bote (Musikzeichen)
28. Rau (weibliches Schwein)
29. Astern (christliches Fest)
30. Rain (deutscher Fluß)
31. Rost (Getränk)
32. Liter (Wundsekret)
33. Zunge (deutscher Maler)

Silben-Suchrätsel

Entnimmt man den nachstehenden 14 Wörtern je eine Silbe und liest sie der Reihe nach, so ergeben sich daraus die Überschriften dreier Märchen.

Rakete – Punze – Einzeller
Normandie – Siegessäule – Nebensache – Beratung – Rebensaft
Ledergürtel – Betreuung – Ehegatte – Jogaübung – Außenhandel – Nesseltuch

Wilhelm Busch

Gesucht wird ein Reim, der in Wilhelm Buschs berühmtester Bildergeschichte – mit ganz kleinen Abweichungen – immer wiederkehrt.
Die Silben des Spruchs sind der Reihe nach in den folgenden Wörtern versteckt.

Diesel – Moses – warnen – Herder – erkennen – Gerste – Streichholz – jedoch – Derwisch – Zweige – Torte – befolgt – sofort – Gleichnis.

Lösungen

Damit Sie sich schnell zurechtfinden können, sind hier die Kapitelüberschriften aufgeführt sowie die Seitenzahlen des Rätselteils. Diese stehen bei jeder Lösung in Klammern.

Versrätsel und gereimte Scharaden

Vielfach verwendbar (S. 7)
Anstand, Umstand, Handstand, Unterstand, Verstand, Aufstand, Beistand, Ausstand, Bestand, Abstand, Vorstand, Verstand.

Dreifache Möglichkeit (S. 7)
Kahlkopf, Kehlkopf, Kohlkopf

Ein gewichtiges Wort (S. 7)
Artikel

Der Schein trügt (S. 8)
Göttin, Gattin

Schüttelreime von der Treibjagd (S. 8)
Rasenhaufen – Hasen raufen; Hase noch – Nase hoch

Die Vorsilbe (S. 8)
Schlagen

Unglaublich, aber wahr (S. 8)
Prozeß

Die Rätsel der Turandot (S. 8)
1. Tag und Nacht; **2.** Weltgebäude

Was ist das? (S. 9–11)
1. Blitz; **2.** Fensterscheibe; **3.** Totengräber; **4.** Nase; **5.** Meineid; **6.** Sarg; **7.** Mutter Erde; **8.** Mensch; **9.** Eva; **10.** Rätsel; **11.** Rausch; **12.** Turmuhr; **13.** Mensch; **14.** Blasebalg; **15.** Nichts; **16.** Rat; **17.** Weinglas; **18.** Mondschein; **19.** Schwermut; **20.** Hosenträger; **21.** Mundharmonika; **22.** Wiege

Vielseitig (S. 11)
Lot

Doppelte Bedeutung (S. 11)
Die Schwierigkeit des Rätsels liegt in der Doppelbedeutung des Wortes »verschieden«: unterschieden oder gestorben.

Dringend gesucht ein Viersilber (S. 12)
Spieß – ge – sel – le

Teekessel in Versen (S. 12–14)
1. Lappen; **2.** acht; **3.** Vorfahren; **4.** Kunde; **5.** Atlas; **6.** Faust; **7.** Schloß; **8.** Strauß; **9.** Schimmel; **10.** Pfeife; **11.** Arm – arm; **12.** Hahn; **13.** Fichte; **14.** Zug; **15.** dichter – Dichter; **16.** der, die, das Rechte; **17.** Hebel; **18.** Leine; **19.** Einfall – ein Fall; **20.** Eintritt – ein Tritt; **21.** an Recht – Anrecht.

Wissen Sie das? (S. 14–16)
1. Osterhase; **2.** Nachtigall; **3.** Hahn; **4.** Besen; **5.** Pflaster; **6.** Blinde Kuh; **7.** Schote; **8.** Armut; **9.** Gabel; **10.** die Seifenblase; **11.** Hagebutte; **12.** Hände und Handschuhe; **13.** Tabak für Pfeifen, Zigarren, Zigaretten; **14.** Kater; **15.** Bock;

16. Apfel; **17.** Steuer; **18.** Schaukel; **19.** Trommel; **20.** Ohrfeige; **21.** die Säge

Gereimte Scharaden (S. 17–18)
1. Spott-Geld; **2.** Brust-Bild; **3.** Weh-Mut; **4.** Schuld-Schein; **5.** Berg-Werk; **6.** Hirn-Gespinst; **7.** Tage-Dieb; **8.** A-Horn; **9.** Fisch-Otter; **10.** Au-Stern; **11.** Sieben-Bürgen; **12.** Braun-Schweig; **13.** Augen-Weide; **14.** See-Land; **15.** Hans-Wurst; **16.** Ei-Land.

Rätselhafte Geschichten

Der Prozeß des Euathlos (S. 25)
Da der Prozeß noch heute läuft, gibt es auch keine Lösung zu diesem Fall.

Das nächtliche Straßenschild (S. 25)
Es war ein ganz kurzes Schild – zu groß für das Wort »Gerhart-Hauptmann-Straße«.

Wer hat was? (S. 26)
Brigitte hat den Ball, Claudia den Bleistift und Anna die Schere.

Nasse Füße (S. 26)
Der Meister kann auf der untersten Sprosse der Strickleiter stehenbleiben, denn die Flut hebt das Schiff mit.

Ein kluger Mann (S. 26)
Wenn der Mann die schwarze Todeskugel gezogen und verschluckt hätte, wäre eine weiße im Kasten geblieben. Da der böse Minister aber nur schwarze hineingelegt hatte, sah man jetzt natürlich auch nur die schwarze im Kasten, und der Mann erklärte: »Ihr seht, ich habe die weiße gezogen – ihr müßt mich freilassen!« Das mußten sie – denn wer hätte das Gegenteil beweisen können?

Die billige Gans (S. 27)
Herr Schneider ließ sich vom Motorradfahrer die 15,– DM geben, zahlte aus eigener Tasche noch 5,– DM dazu und gab diese 20,– DM dem Bauer. Dann nahm er die Gans, die ja keiner der beiden Streithähne haben wollte, und ging seines Weges.

Wann geht Peter schlafen? (S. 27)
Wenn Peter morgens achtmal und abends zwölfmal drehen muß, dann bedeutet das, daß seine Schlafenszeit kürzer ist als seine Wachzeit, und zwar verhalten sie sich zueinander wie 2 und 3, d. h., die Schlafenszeit ist um ein Fünftel kürzer als die Wachzeit, also beträgt die Wachzeit $\frac{3}{5}$ von 24 Stunden. Das sind 14 $\frac{2}{5}$ Stunden oder 14 Stunden und 24 Minuten. Da Peter um 8 Uhr aufsteht, dürfte er um 22.24 Uhr ins Bett gehen.

Ein altes Blumenrätsel (S. 27)
Auf der Blume, die nachts in Menschengestalt zu Hause war, liegt kein Tau.

Der Mückenstich (S. 27)
Mutter und Töchterchen stehen vor einem Spiegel.

Wieviel Uhr ist es? (S. 28)
Er wartete einige Minuten. Jener Zeiger, der in dieser Zeitspanne merklich vorrückte, zeigte die Minuten an.

Für Detektive (S. 28)
Dieter hat einfach drauflos geredet: Mittags gibt es doch keine langen Schatten!

Sherlok Holmes' Schülerin (S. 28)
Er hatte angeklopft, und das tut man an der Tür des eigenen Zimmers bestimmt nicht.

Der pfiffige Astrologe (S. 29)
»Ich sterbe genau einen Tag nach Ihnen.«

Es ist schon lange her (S. 29)
Nicht der Kurze hätte auf den Schultern des Langen stehen dürfen, sondern umgekehrt, denn der Lange hat natürlich auch die längeren Arme.

Komische Verhältnisse (S. 29)
Frau Giller und Frau Krug sind Kusinen, denn ein Onkel von Frau Giller ist der Vater von Frau Krug. Auch Frau Ostmann und Frau Giller sind Kusinen, denn Frau Ostmanns Schwester, und sie selbst, sind Nichten von Frau Gillers Vater.

Die Sitzung (S. 30)
Der Redner steht logischerweise im Mittelpunkt des Interesses und wird deshalb von allen gesehen, während er selbst seine Bekannten bei seiner Ansprache nur schlecht aus der großen Zuhörerschaft herausfindet.
Als Redner kommt also nur einer in Frage, und zwar Herr Bechtold, der von den drei anderen Herren gesehen worden war.

Problem an der Grenze (S. 30)
Den Whisky bezahlen die Staatskassen der beiden Länder, denn ihnen gehen durch dieses Geschäft die Devisen verloren.

Die zerbrochene Fensterscheibe (S. 31)
Der größte Teil der Glassplitter lag nicht im Zimmer, sondern auf der Fensterbank. Der Schlag gegen die Scheibe muß also von innen gekommen sein.

Der überlistete Karo (S. 31)
Herr Schäufele hatte es mit dem Festbinden entschieden zu gut gemeint. Der Landstreicher brauchte Karo nur zu reizen und dann vorneweg so lange um den Baum zu laufen, bis sich die Leine völlig um den Stamm gewickelt hatte. So mußte Karo zähnefletschend zusehen, wie der Landstreicher Herrchens Rucksack mitnahm.

Unterwegs bei sinkender Sonne (S. 32)
Der Sohn sah den langen Schatten des Anhängers, den die tiefstehende Sonne erzeugte. Der junge Mann brauchte – vom Vordersitz – lediglich ein wenig schräg nach hinten zu blicken.

Reisegesellschaft mit Folgerungen

(S. 32)

Für die Lösung entwerfen wir folgende Tabelle: waagerecht stehen die Berufe, senkrecht die Namen der Herren.

	Elektriker	Monteur	Ingenieur
Baumann	+	–	–
Eichler	–	–	+
Hahn	–	+	–

Die 4 Angaben der Aufgabe werden für die Tabelle wie folgt ausgewertet:

1. Baumann: Ingenieur – (minus)
2. Hahn: Elektriker – (minus)
3. Eichler: Monteur – (minus)
4. Hahn: Ingenieur – (minus)

Daraus folgt: Hahn: Monteur + (plus).

Da Hahn Monteur ist, kann Baumann nicht denselben Beruf haben.

Baumann: Monteur und Ingenieur – (minus), also Elektriker + (plus).

Eichler kann weder Elektriker noch Monteur sein, somit ist er Ingenieur.

Rangieren und Zählen (S. 33–36)

1.

	−	+	\	/	X
X		−	+	\	/
/	X		−	+	\
\	/	X		−	+
+	\	/	X		−
−	+	\	/	X	

2.

3.

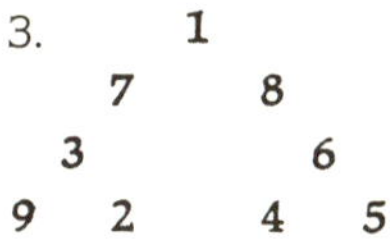

4.

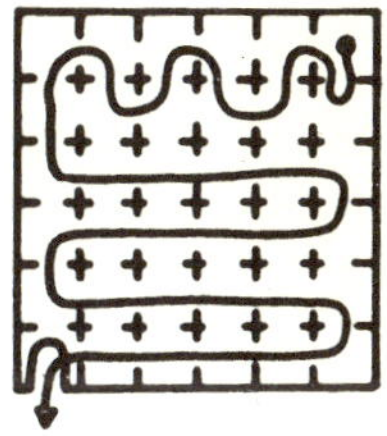

5.

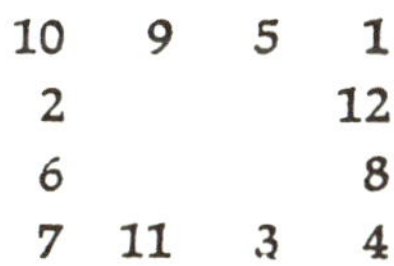

6.

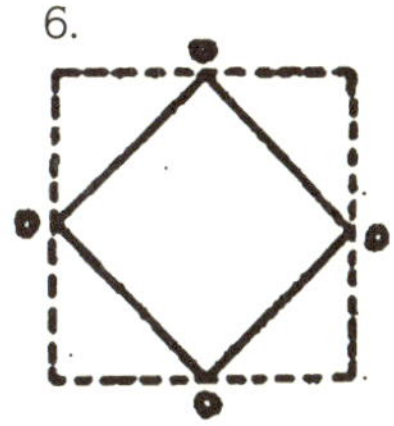

7.

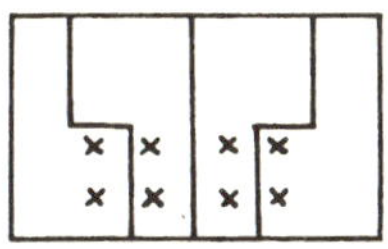

8.

8	3	4
1	5	9
6	7	2

6	1	8
7	5	3
2	9	4

9.

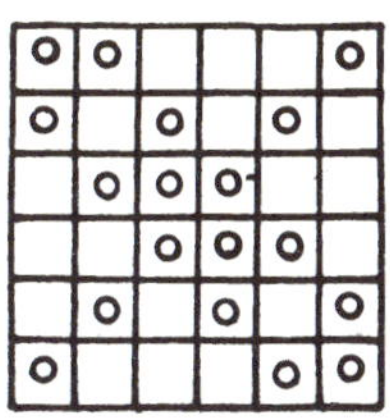

11.

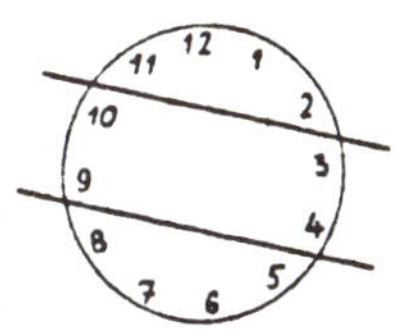

10.

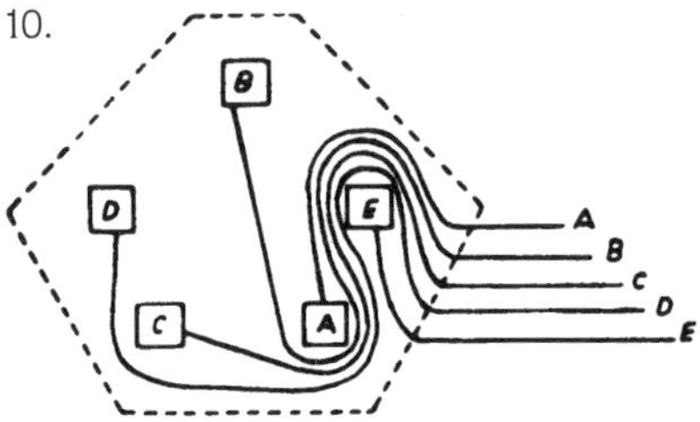

12.

11	24	7	20	3
4	12	25	8	16
17	5	13	21	9
10	18	1	14	22
23	6	19	2	15

13.

```
        12
       /  \
8 — 4 — 3 — 11
 \ /       \ /
  1         6
 / \       / \
9 — 10— 2 — 5
      \  /
       7
```

14.

16	6	6	16	16
6	16	16	16	6
16	6	16	6	16
6	16	16	16	6
16	16	6	6	16

15.
1. XVI; 2. X;
3. XLVIII; 4. IV;
5. XVIII; 6. II; 7. b;
8. I.

16. Das vierte Bild (S. 37)

1.

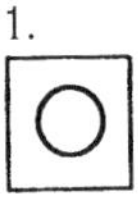

2.

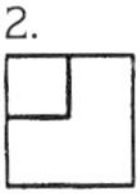

3.

4.

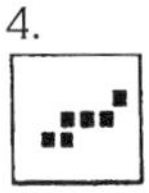

5.

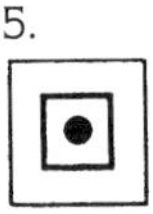

6.

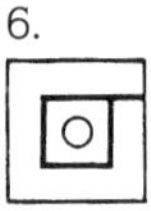

7.

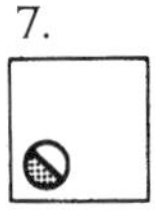

8.

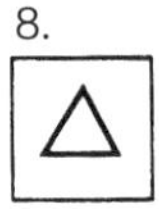

9.

10.

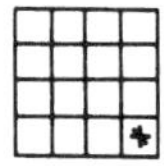

11.

17. Die Lösungen zu S. 37-38 lauten:
1. c; 2. a; 3. b; 4. b; 5. a; 6. c

Rechenexempel und Rechengeschichten

Zahlendurcheinander (S. 39-40)

1.

5	+	6	–	1	+		
5	:	3	+	8	–		
3	×	3	:	6		= 5	

2.

3	×	11	–	13	+	
10	+	2	×	3	:	
24	×	4	:	4		= 4

3.

7	+	7	–	7	×	
3	×	5	+	15	:	
12	+	7	+	7		= 24

4.

8	×	2	:	4	+	
4	:	4	+	6	–	
2	:	2	+	2		= 5

5.

30	–	15	+	5	–	
7	+	11	:	3	+	
7	:	3	+	5		= 10

6.

17	+	6	−	3	:			
5	+	1	×	5	:			
5	−	1	+	6		= 11		

7.

8	×	3	:	12	+	
12	+	6	×	4	:	
20	−	1	−	2		= 3

8.

36	:	12	+	16	×	
3	:	19	−	1	×	
18	−	3	:	11		= 3

9.

29	+	3	:	8	×	
16	+	2	:	11	−	
1	+	4	×	3		= 27

10.

18	+	2	:	2	×	
5	+	7	:	19	−	
1	+	3	×	4		= 20

Knobelaufgaben (S. 40-41)

1.

25	:	5	=	5
−		+		×
15	-	10		5
10	+	15	=	25

2.

100	×	4	=	400
+		×		:
100		25		10
−		:		+
125		4		60
75	+	25	=	100

3.

24	:	2	=	12
−		×		+
12		6		12
12	+	12	=	24

4.

77	:	11	=	7
+		×		×
18		2		7
−		−		+
38		2		28
57	+	20	=	77

5.

28	+	28	=	56
−		−		−
10		18		28
18	+	10	=	28

6.

2	+	5	+	7	=	14
−		−		−		−
1		1		4		2
+		+		×		:
9		6		6		6
10	+	10	−	18	=	2

7.

16	+	14	=	30
×		+		−
2		2		14
32	−	16	=	16

8.

7 + 8 − 10 + 2 = 7

9.

88 : 8 × 7 + 11 = 88

Rechnen mit Buchstaben (S. 41-42)

1.

988	:	26	=	38
−		+		+
605	−	117	=	488
383	+	143	=	526

2.

416	−	232	=	184
:		−		+
26	+	19	=	45
16	+	213	=	229

3.

712	+	109	=	821
−		+		−
386	−	157	=	229
326	+	266	=	592

4.

468	+	513	=	981
−		:		−
30	×	19	=	570
438	−	27	=	411

5.

848	−	135	=	713
:		−		−
53	+	100	=	153
16	×	35	=	560

6.

24	×	13	=	312
×		+		+
31	+	194	=	225
744	−	207	=	537

7.

846	−	694	=	152
:		−		+
18	×	31	=	558
47	+	663	=	710

8.

21	×	27	=	567
×		+		−
15	+	105	=	120
315	+	132	=	447

9.

570	:	38	=	15
:		+		+
95	−	33	=	62
6	+	71	=	77

10.

27	×	49	=	1323
+		+		:
53	+	10	=	63
80	–	59	=	21

11.

249	+	167	=	416
–		–		–
37	+	51	=	88
212	+	116	=	328

12.

37	×	15	=	555
+		×		–
56	–	29	=	27
93	+	435	=	528

Wie viele Schafe gehören zur Herde? (S. 42)
Es sind 301 Schafe, denn 301 läßt sich nur durch 7 teilen.

Summen voraussagen (S. 42)
Das kann Karl durch folgende Überlegung: Die Zahl 29 997 setzt sich zusammen aus 3×9999. Jede seiner drei hinzugefügten Reihen muß jede von Dieters aufgeschriebenen auf 9999 ergänzen, dann stimmt die Endsumme.

Differenz erraten (S. 43)
Bei jeder derartigen Subtraktion ergibt die Quersumme des Endergebnisses 18, und stets ist die mittlere Ziffer 9. Ist also die erste Ziffer 5, so ist die zweite 9 und die dritte $18 - (5 + 9) = 4$.

Viechereien (S. 43)
1. $x + 2x = 228$
$3x = 228$
$x = 76$

76 Hühner waren auf dem Hof.

2. $2x + 4(38 - x) = 100$
$52 = 2x$
$26 = x$

Es waren 26 Hühner und 12 Kaninchen.

3. $x + 4x + 3(x + 4x) + 3 = 63$
$x = 3$

3 Pferde, 12 Kühe und 48 Schweine.

Bare Münze (S. 43)
Philipp hat 38 Münzen und 7 Taschen.
Mathematisch:
$5x + 3 = 6(x - 1) + 2$
$x = 7$

Mathematischer Zirkus (S. 44)
$2 + 2 \times 12 + 2x = 36$
$x = 5$

5 Elefanten, 7 Strauße und 1 Mensch haben zusammen 36 Beine.

Kleiner (Denk-)Ausflug (S. 44)
$x + 2x + 2(x + 2x) = 72$
$x = 8$

8 Knaben, 16 Mädchen und 48 Erwachsene.

Die Verfolgungsjagd (S. 44)
Nach 20 Sekunden holt Hasso den Hasen ein, denn
$15x = 100 + 10x$
$x = 20$

Wo fehlt das gestohlene Brot? (S. 44)
Die Säcke mit 20 und 60 Broten werden auf die linke Waagschale, die mit 50 und 30 auf die rechte gelegt. Sind sie gleich schwer, fehlt das Brot im 40er Sack. Fehlt es beim 30er oder beim 50er, legt man sie getrennt voneinander und fügt den 20er Sack zum 30er. Fehlt ein Brot beim 20er oder beim 60er, trennt man sie und legt den 40er Sack zum 20er.

Jagd auf den Täter (S. 44)
Für die beiden vorderen Ziffern gibt es sieben Möglichkeiten (0 als Anfangsziffer unberücksichtigt), und jedes dieser Paare kann mit einer der vier Kombinationen AB 69, AB 96, AD 69, AD 96 gekoppelt sein. Das ergibt 28 mögliche Kennzeichen.

Die Sache mit dem Zufall (S. 44)
Mit dieser Frage hat sich sogar die Französische Akademie der Wissenschaften beschäftigt. Die Lösung stammt von dem Mathematiker Mairan: Enthält der Streichholzvorrat eine gerade Anzahl, z. B. 12 Stück, so können ihm entnommen werden:

entweder	1	3	5	7	9	11	
oder	2	4	6	8	10	12	

In diesem Falle stehen die Chancen für Gerade und Ungerade gleich.
Ist jedoch eine ungerade Stückzahl vorhanden, z. B. 13, so ergeben sich die Möglichkeiten:

entweder	2	4	6	8	10	12	
oder	1	3	5	7	9	11	13

Es liegt hier ein klares Übergewicht für Ungerade vor. Daraus ergibt sich insgesamt, daß bei genügend langer Spieldauer derjenige, der auf Ungerade setzt, seinem Gegner überlegen ist.

Schulausflug (S. 45)
Wir rechnen zuerst einmal den Zuwachs aus: 2 + 4 + 6 + 8 + 10 + 12 + 14 + 16 + 18 + 20 + 22 = 132; 1008 − 132 = 876.
Diese Zahl wird durch 12 dividiert. Und damit haben wir auch schon die Lösung: In der ersten Schülergruppe befanden sich 73 Schüler.

Das Erbe (S. 45)
2 der Söhne bekamen je 2 volle Fässer, 2 leere Fässer und 1 halbvolles Faß. Der 3. Sohn erhielt 1 volles Faß, 1 leeres Faß und 3 halbvolle Fässer.

Achtung Fallgrube! (S. 45)
Der Stein wiegt nicht etwa 1,5 kg, sondern 2 kg. Da er 1 kg und sein halbes Gewicht schwer ist, muß 1 kg die andere Hälfte seines Gewichtes sein ($x = 1\ \text{kg} + 1/2\ x$).

Dazwischen – immer Zwischenräume (S. 45)
Hier liegt die Antwort nahe: 690 m, aber: Rechnen wir lieber einmal nach!
Da die Laternen »auf Lücke« stehen, müssen auf der einen Seite 23 auf der anderen 22 vorhanden sein. Doch schließen die 23 Laternen nur 22 Zwischenräume von je 30 m ein. – Die Straße ist somit nur 660 m lang.

Der sparsame Spengler (S. 45)

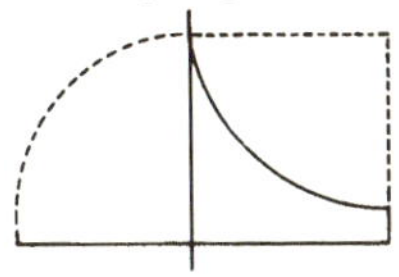

Vergilbtes Manuskript (S. 46)

2202 : 3 = 734

		7	3	4	x	5	3	8
			3	6	7	0		
				2	2	0	2	
					5	8	7	6
			3	9	4	8	9	6

Jack Londons Aufgabe (S. 46)

Nach seinen Angaben wäre Jack London um 1 Tag früher in das Lager gekommen, wenn er weitere 50 m (Meilen) mit voller Geschwindigkeit zurückgelegt hätte. Folglich wäre er 2 Tage früher, also ohne Verspätung, im Lager eingetroffen, wenn er noch 100 m mit voller Geschwindigkeit gefahren wäre. Hieraus läßt sich errechnen: Strecke $\frac{100 \times 5}{3}$ gleich 166 $^2/_3$ m zurückgelegt. Die zusätzlichen 66 $^2/_3$ m hätten ihm 2 Tage erspart.

Hieraus kann man folgern:

Die volle von London berechnete Geschwindigkeit betrug 33 $^1/_3$ m am Tag; er legte am ersten Tag diese Strecke und insgesamt 133 $^1/_3$ m zurück.

Junge Beine – alte Beine (S. 46)

Für den ganzen Weg braucht Kunz 10 Minuten länger als Hinz. Wenn Kunz 10 Minuten früher aus dem Hause ginge, kämen beide gleichzeitig an. Da er aber nur 5 Minuten Vorsprung hat, holt Hinz ihn gerade auf halbem Wege ein, d. h. nach 10 Minuten, denn die gesamte Strecke legt Hinz in 20 Minuten zurück.

Schneckentempo (S. 46)

Am 6. Tag hat es die Schnecke geschafft. Nach der 5. Nacht ist sie bei 15 m und kriecht am 6. Tag über den Brunnenrand.

Der nachdenkliche Kraftfahrer (S. 47)

Wenn der Zähler 16 061 zeigt, hat Meier in 2 Stunden 110 km zurückgelegt mit der Durchschnittsgeschwindigkeit 55 km in der Stunde. Möglich wäre auch der Zählerstand 16 161, was zu einer Stundengeschwindigkeit von 105 km führt.

Kleiner Gedankenspaziergang (S. 47)

Beide, Förster und Hund, waren die gleiche Zeit, nämlich $^4/_5$ Stunde unterwegs. Bei einer Geschwindigkeit von 15 km in der Stunde lief der Hund also $^4/_5$ mal 15 km gleich 12 km.

Die Schneiderin (S. 47)

Sie mußte 86mal schneiden.

Der Kuhhandel (S. 47)

Der kluge Nachbar lieh den Söhnen für die Aufteilung des Erbes eine seiner Kühe.

Damit waren es 18 Tiere. Der Älteste bekam die Hälfte, also 9, der zweite Sohn ein Drittel, also 6, der Jüngste ein Neuntel, also 2. 9 + 6 + 2 = 17 – und der Nachbar nahm seine entliehene Kuh wieder mit nach Haus.

Das Jubiläum (S. 48)
Der Lebensmittelhändler hatte 31 Eier in der Kiste. Die 1. Kundin erhielt also 15 1/2 und ein halbes als Zugabe. Die 2. Käuferin bekam 7 1/2 und ein halbes. Die 3. erhielt 3 1/2 und ein halbes, die 4. bekam 1 1/2 Eier und ein halbes Ei. Das übriggebliebene letzte Ei bekam die 5. Kundin geschenkt.

Der Einbrecher (S. 48)
Er muß dreimal hineingreifen.

Spielereien mit Wörtern und Buchstaben

Quadraträtsel (S. 49-50)
1.
1. ELBE; **2.** LION; **3.** BOOT; **4.** ENTE; **5.** AFFE; **6.** FAUL; **7.** FUSS; **8.** ELSE; **9.** HOSE; **10.** OVAL; **11.** SAUL; **12.** ELLI; **13.** AMME; **14.** MAAS; **15.** MAUS; **16.** ESSE

2.
1. LORA; **2.** OFEN; **3.** REIS; **4.** ANSA

3.
1. HEINO; **2.** SEE; **3.** END

4.
1. DOSE; **2.** ODER; **3.**SEEN; **4.** ERNA

Kammrätsel (S. 50-51)
1.
Waagerecht: JERUSALEM
Senkrecht: **1.** JOEL; **2.** RUTH; **3.** SEIL; **4.** LEIM; **5.** MAUS

2.
Waagerecht: AMSEL
Senkrecht: **1.** ANKER; **2.** STROH; **3.** LERCHE

3.
Waagerecht: AUSTRIA
Senkrecht: **1.** AFFE; **2.** SALZ; **3.** RALF; **4.** AUTO

4.
Waagerecht: KORSIKA
Senkrecht: **1.** KAMEL; **2.** RIEGE; **3.** ILLER; **4.** ASTER

Punkt – Punkt – Punkt (S. 51)
ERATO; KERZE; STERN; GEIER

Die Spitze fehlt (S. 51)
1. EMMENTALER
2. NIMMERSATT

17 und 4 (S. 52)
18. PFERD; **19.** ELEFANT; **20.** FACHS = (SCHAF); **21.** EWEOL = LOEWE

Ob es hilft? (S. 53)
»Vom Fenster her läßt sich niemals die Welt überblicken«

Polizeibericht (S. 53)
Schlüsselwörter: Ding, Woche, Farm.
Die Satzergänzung lautet:
dann den Weg nach dem Dorfe ein.

Fatale Erfindung (S. 53)
UHR-RUH

Dreimal dieselben und doch nicht dasselbe (S. 53)
ACHSE – ASCHE – SACHE

Der geschüttelte Besuch (S. 53)
LANDGERICHTSDIREKTOR

Aus zwei mach eins (S. 53)
BIBER – **R**ATTE – **A**DLER – **H**AMSTER – **M**eise – **S**eestern
Lösungswort: BRAHMS

Geschüttelte Literatur (S. 54)

1. May: »Winnetou«
2. Stevenson: »Die Schatzinsel«
3. Defoe: »Robinson Crusoe
4. Spyri: »Heidi«
5. Fallada: »Kleiner Mann was nun?«
6. Cooper: »Lederstrumpf«
7. Goethe: »Faust«
8. Beecher-Stowe: »Onkel Toms Hütte«
9. Schiller: »Wallenstein«
10. Büchner: »Dantons Tod«
11. Schiller: »Wilhelm Tell«
12. Lessing: »Nathan der Weise«
13. Shakespeare: »Hamlet«
14. Ibsen: »Peer Gynt«
15. Kleist: »Der zerbrochene Krug«
16. Moliere: »Der eingebildete Kranke«
17. Swift: »Gullivers Reisen«

Das Ei des Kolumbus (S. 54)
GREIS – GRIES
GEIBEL – GIEBEL
WEIN – WIEN
KEIL – KIEL
LEID – LIED
BEINE – BIENE

Zweimal das gleiche und doch nicht das gleiche (S. 55)

1. Fliegen – fliegen
2. Blasen – blasen
3. Rasen – rasen
4. einige – Einige
5. oder – Oder

Abstrichrätsel (S. 55)
SAND; WEBER; WESEL; BETÄUBUNG; SCHACH; SCHWERT; PEDANT; SCHAM; KATE; RUNE; LESE; RAT; RANGE; ADER; WAL; FIBER
Lösungswort: TRISTAN UND ISOLDE

Mein Rat (S. 55)
FALSCH – FLASCHE – SCHLAF

Schüttelrätsel (Anagramm) (S. 55-56)

1. Rose – Eros
2. lange – Angel

3. Tank – Kant
4. Ernst – Stern
5. Lampe – Ampel
6. Dame – Made, Edam
7. Roma – Amor
8. Lauf – faul
9. Wein – Wien
10. Torte – Rotte

Sprichwörter und Redensarten verdreht (S. 57)

1. Morgenstund hat Gold im Mund.
2. Wer anderen eine Grube gräbt, fällt selbst hinein.
3. Ein Spatz in der Hand ist besser als die Taube auf dem Dach.
4. Neue Besen kehren gut.
5. Gebrannte Kinder scheuen das Feuer.
6. Spare in der Zeit, so hast du in der Not.
7. Die Axt im Haus erspart den Zimmermann.
8. Frisch gewagt ist halb gewonnen
9. Wo zwei sich streiten, freut sich der dritte.
10. Quäle nie ein Tier zum Scherz, denn es fühlt wie du den Schmerz.
11. Steter Tropfen höhlt den Stein.
12. Viele Köche verderben den Brei.
13. Wer selbst im Glashaus sitzt, soll nicht mit Steinen werfen.
14. Wer zuletzt lacht, lacht am besten.
15. Ein voller Bauch studiert nicht gern.

Neuer Kopf (S. 57)

1. **I**RENE
2. **N**ANNE
3. **G**RAIN
4. **E**LOGE
5. **M**ADAM
6. **E**TAGE
7. **Y**ACHT
8. **S**EGEL
9. **E**STER
10. **L**EGER

Lösung: INGE MEYSEL

Doppelsinnrätsel (S. 57)

BACH

Die Rätselpyramide (S. 58)

1. F; **2. A**DA; **3. T**RAN; **4. A**MBRA; **5. M**ITTAG; **6. O**KTOBER;
Lösungswort: FATA MORGANA

Füllrätsel (S. 58)

Linde – Rinde – Winde – Kinde – Binde – Spinde – gelinde – Rosalinde

Wortversteck (S. 58)

1. SCHNARCHEN
2. VERSI
3. ELSTER
4. URAL
5. MAYER
6. OASE
7. HERDE
8. MASERN
9. MARS
10. WOGEN

Worträtsel (S. 59)
1. ERLE; **2.** WEIDE; **3.** EICHE; **4.** BUCHE; **5.** LINDE

Sommerrätsel (S. 59)
Heu – Pferd – Heupferd

Hart und weich (S. 59)
1. Grippe – Krippe
2. Gabel – Kabel
3. Gurt – Kurt
4. Gasse – Kasse
5. Gaffer – Kaffer
6. Garten – Karten
Verwandschaftswort: Eltern

Rücklaufrätsel (Palindrom) (S. 59-61)
1. Regal – Lager
2. Neffen
3. Ebbe
4. Elle
5. Trug – Gurt
6. Reh – her
7. Nebel – Leben
8. Neger – Regen
9. Mark – Kram

Wechselrätsel (Logogriph) (S. 61)
1. Gestirn – gestern
2. Brüssel – Rüssel
3. Prosit – Profit
4. Wappen – Lappen
5. Mast – Most – Mist
6. Reiter – heiter
7. Kalb – halb
8. Bengel – Engel
9. halt – kalt
10. finster – Fenster

Vorsicht! (S. 61)
Rauch – Rausch

Suchwort (S. 61)
Gabe – Zugabe, Eingabe, Beigabe, Rückgabe, Aufgabe: Zebra

Viermal anders (S. 62)
Seite – Seine – Seide – Seife

Es ist mein Eigentum (S. 62)
Name

In der Woche geht es nicht (S. 62)
Montag – Montage

Auf dem Bauernhof (S. 62)
Kuh; mit vier Beinen, vier Zitzen, zwei Hörnern, zwei Augen und einen Schwanz.

Ein Staatsmann spricht (S. 62)
steuern – Steuern

Geheimschrift in Zahlen (S. 62-63)
1. Dummheit und Stolz wachsen auf einem Holz.
2. Was du nicht willst, daß man dir tu', das fueg auch keinem andern zu.
3. Hunger ist der beste Koch.
4. Gleich und gleich gesellt sich gern.
5. Morgenstund hat Gold im Mund.
6. Ein voller Bauch studiert nicht gern.

7. Eine Schwalbe macht noch keinen Sommer.
8. Was du heute kannst besorgen, das verschiebe nicht auf morgen.

Eins paßt nicht in die Reihe (S. 63)
1. Köln; **2.** Linde; **3.** Stein; **4.** Petra; **5.** Frankfurt/Main; **6.** Pelz; **7.** Storch; **8.** Rucksack; **9.** Oxford; **10.** Peru

Verschieberätsel (S. 64)
Hier mußte man lange herumprobieren. Und manchmal gab es auch mehrere Möglichkeiten.

	P	E	T	E	R							
					H	A	N	S				
				S	E	B	A	S	T	I	A	N
				D	I	E	T	E	R			
		E	G	O	N							
					F	R	I	T	Z			
R	E	I	N	H	A	R	D					
		K	A	R	L							
			N	I	L	S						

Lösung: RHEINFALL

Neue Köpfe (S. 64-65)
1. **E**leve; **2.** **I**ller; **3.** **N**agel; **4.** **E**der; **5.** **S**etter; **6.** **C**oda; **7.** **H**eck; **8.** **W**asa; **9.** **A**dam; **10.** **L**anze; **11.** **B**utter; **12.** **E**ris; **13.** **M**otto; **14.** **A**r; **15.** **C**olt; **16.** **H**ebel; **17.** **T**itus; **18.** **N**ase; **19.** **O**lm; **20.** **C**ent; **21.** **H**and; **22.** **K**assel; **23.** **E**ber; **24.** **I**ll; **25.** **N**iete; **26.** **E**den; **27.** **N**ote; **28.** **S**au; **29.** **O**stern; **30.** **M**ain; **31.** **M**ost; **32.** **E**iter; **33.** **R**unge
Lösung: Eine Schwalbe macht noch keinen Sommer.

Silben-Suchrätsel (S. 65)
Ra – pun – zel
Die sie – ben Ra – ben
Der treu – e Jo – han – nes

Wilhelm Busch (S. 65)
Dieses war der erste Streich, doch der zweite folgt sogleich!

NÜTZLICHE RATGEBER

EINE AUSWAHL

Stand: Frühjahr 1994

Hobby und Freizeit

Falken-Handbuch
Zeichnen und Malen
(**4167**-5) Von B. Bagnall, 336 S., 1154 Farbzeichnungen, Pappband. ●●●●●

Kreativ Zeichnen
(**4688**-X) Von B. Bagnall, 176 S., zahlr. Farbabb., Pappband. ●●●●

Punkt, Punkt, Komma, Strich
Zeichnen leicht gemacht
(**4721**-5) Von H. Witzig, 144 S., 512 s/w-Zeichnungen, Pappband. ●●

Punkt, Punkt, Komma, Strich
Zeichenstunde für Kinder
(**0564**-4) Von H. Witzig, 144 S., über 250 Zeichnungen, kart. ●

Einmal grad und einmal krumm
Zeichenstunde für Kinder
(**0599**-7) Von H. Witzig, 144 S., 363 Abb., kartoniert. ●

Figürliches Zeichnen
leicht gemacht
(**1010**-9) Von H. Witzig, 112 S., 462 Figuren, kartoniert. ●

Airbrush
Kreatives Gestalten mit dem Luftpinsel
(**1133**-4) Von C. M. Mette, 80 S., 145 Farbfotos, 40 Farbzeichnungen, kartoniert. ●●

Kalligraphie
Die Kunst des schönen Schreibens
(**4263**-9) Von C. Hartmann, 120 S., 44 Farbvorlagen, 29 s/w-Vorlagen, 2 s/w-Zeichnungen, 38 Farbfotos, Pappband. ●●●●

Gestalten mit Schrift
Kalligraphie
(**1044**-3) Von I. Schade, 80 S., 2 Farb- und 1 s/w-Foto, 143 Farbzeichnungen, kart. ●●

Hobby Aquarellmalen
Landschaft und Stilleben
(**0876**-7) Von I. Schade, A. Brück, 80 S., 111 Farbabb., kart. ●●

Technik · Gestaltung · Ausdruck
Aquarellmalerei
Von der Realität zum Bild
(**4529**-8) Von Prof. W. Wrisch, 136 Seiten, 172 farb. Abbildungen, 5 s/w-Abbildungen, 46 Zeichnungen, Pappband. ●●●●

Hobby Ölmalerei
Landschaft und Stilleben
(**0875**-9) Von H. Kämper, I. Becker, 80 S., 93 Farbabb., kart. ●●

FALKEN
Lexikon der Seidenmalerei
Mit großer Farbmischtabelle
(**4737**-1) Von K. Huber, 208 S., 192 Farbfotos, Pappband. ●●●●

Seidenmalerei in Vollendung
(**4414**-3) Hrsg. von R. Smend, 160 S., 227 Farbfotos, 36 s/w-Fotos, geprägter Leineneinband mit Schutzumschlag, im Schuber. ●●●●●

Seidenmalerei
Westen · Blusen · Hosen
(**1455**-4) Von C. Köhl, ca. 64 Seiten, durchgehend vierfarbig, zahlreiche Abbildungen, mit Vorlagebogen, kartoniert. ●●

Seidenmalerei und Modedesign
Modelle · Techniken · Schnittmuster
(**4476**-3) Von B. Hansen, 176 S., 140 Farbf.93 Farb-, 68 s/w-Zeichn., Pappband. ●●●●

Seidenmalerei Exklusive Tücher
(**1303**-5) Von E. Schwinge, 80 S., 79 Farbfotos, 6 Zeichnungen, kart. ●●

Kreative Seidenmalerei
Motive · Muster · Farbenspiel
(**4720**-7) Von M. Neubacher-Fesser, ca. 136 S., zahlr. Farbabb., Pappband. ●●●●

Seidenmalerei
Muster über Muster
20 Künstlerinnen präsentieren 120 Ideen
(**4744**-4) 128 S., 188 Farbabbildungen, Pappband. ●●●●

Seidenmalerei
Die wichtigsten Techniken Schritt für Schritt
(**1357**-4) Von B. Hansen, 64 S., 97 Farbfotos, kartoniert. ●●

Seidenmalerei als Kunst und Hobby
(**4264**-7) Von S. Hahn, 136 S., 256 Farbfotos, 1 s/w-Foto, Pappband. ●●●●

Neue zauberhafte Seidenmalerei
Motive und Anregungen aus der Natur
(**0924**-0) Von R. Henge, 80 S., 148 Farbfotos, 27 s/w-Zeichnungen, kart. ●●

Krawatten, Tücher und Fliegen individuell gestalten
Seidenmalerei
(**1242**-X) Von A. Reichmann, 64 S., durchgehend vierfarbig, kart. ●●

Aquarellieren auf Seide
Materialien · Techniken · Motive
(**0917**-8) Von I. Demharter, 32 S., 41 Farbfotos, Pappband. ●

Airbrush auf Seide
(**1342**-6) Von I. Demharter, 64 S., zahlreiche Farbabbildungen, kart. ●●

Airbrush Seidenmalerei
Mit Vorlagen für Schablonen
(**1356**-6) Von C. M. Mette, 80 S., 129 Farbf., kartoniert. ●●●

Seidenmalerei Bäume und Blätter
(**5249**-9) Von D. Kosik, 32 S., 5 Farbfotos, 23 Farb- u. 13 s/w-Zeichungen, kart. ●

Seidenmalerei Landschaften
(**5153**-0) Von D. Kosik, 32 S., 50 Farbfotos, 12 Zeichnungen, mit Vorlagebogen in Originalgröße, kart. ●

Seidenmalerei Kissen
(**5151**-4) Von I. Demharter, 32 S., 42 Farbfotos, 2 Zeichnungen, mit Vorlagebogen in Originalgröße, kart. ●

Seidenmalerei Blusen und T-Shirts
(**5184**-0) Von A. Keller, 32 S., 28 Farbfotos, 12 Zeichnungen, mit Vorlagebogen in Originalgröße, kartoniert. ●

Seidenmalerei Tücher und Schals
(**5152**-2) Von R. Henge, 32 S., 36 Farbfotos, 1 Zeichnungen, mit Vorlagebogen in Originalgröße, kart. ●

Seidenmalerei Tiermotive
(**5204**-9) Von A. Keller, 32 S., 37 Farbfotos, mit Vorlagebogen in Originalgröße, kart. ●

Serti Designo
Seidenmalerei mit Kreidestiften
(**5208**-1) Von S. Tichy-Gibley, 32 S., 46 Farbfotos, mit Vorlagebogen in Originalgröße, kart. ●

Seidenmalerei Lampenschirme
(**5154**-9) Von I. Walter-Ammon, 32 S., 47 Farbfotos, 1 Zeichnung, mit Vorlagebogen in Originalgröße, kart. ●

Seidenmalerei Blüten, Blätter, Ranken
(**5165**-4) Von D. Kosik, 32 S., 35 Farbfotos, 4 Zeichnungen, mit Vorlagebogen in Originalgröße, kart. ●

Seidenmalerei Schmuckkarten und Miniaturbilder
(**5166**-2) Von I. Walter-Ammon, 32 S., 37 Farbfotos, 2 Zeichnungen, mit Vorlagebogen in Originalgröße, kart. ●

Akzente mit Perlen, Pailetten und Straß
Seidenmalerei
(**5248**-0) Von A. Keller, 32 S., ca. 50 Farbf., mit Vorlagebogen in Originalgröße, kart. ●

Seidenmalerei Bilder in Konturentechnik
(**5182**-4) Von I. Demharter, 32 S., 28 Farbfotos, 2 Zeichnungen, mit Vorlagebogen in Originalgröße, kart. ●

Seidenmalerei Applikationen
(**5224**-3) Von J. Bressau, 32 S., 50 Farbfotos, mit Vorlagebogen in Originalgröße, kart. ●

Apartes aus bemalter Seide
(**5274**-X) Von E. Möller, 48 Seiten, durchgehend vierfarbig, kartoniert. ●

Malen auf Seide
kinderleicht
(**5218**-9) Von R. Henge, 32 S., 11 Farbfotos, 44 Farbzeichn., Vorlagebogen, kartoniert. ●

Moderne Stoffmalerei
(**1358**-2) Von H. Sander, 64 S., 73 Farbf., 50 s/w-Zeichn., kart. ●●

Perfekt Stricken
Mit Sonderteil Häkeln.
(**4250**-7) Von H. Jaacks, 256 S., 703 Farbfotos, 169 Farb- und 121 s/w-Zeichnungen, Pappband. ●●●●

Das moderne Standardwerk
Nähen
(**4709**-6) Von S. von Rudzinski, 176 S., vierfarbig, Pappband. ●●●●

Stoffpuppen
nach alten Vorbildern
(**5281**-2) Von M. Meinesz, 48 S., durchgehend vierfarbig, mit Vorlagebogen, kart. ●

Heißgeliebte Teddys
Selbermachen · Sammeln · Restaurieren
(**0900**-3) Von H. Nadolny und Y. Thalheim, 80 Seiten, 118 Farbfotos, kartoniert. ●●●

Die hier vorgestellten Bücher, Videokassetten und Software sind in folgende Preisgruppen unterteilt:

● Preisgruppe bis DM 10,–/S 79,–/SFr 11,–
●● Preisgruppe über DM 10,– bis DM 20,– S 80,– bis S 160,– SFr 10,– bis SFr 21,–
●●● Preisgruppe über DM 20,– bis DM 30,– S 161,– bis S 240,– SFr 21,– bis SFr 30,–
●●●● Preisgruppe über DM 30,– bis DM 50,– S 241,– bis S 400,– SFr 30,– bis SFr 50,–
●●●●● Preisgruppe über DM 50,–/S 401,–/SFr 50,–
* (unverbindliche Preisempfehlung)

Die Preise entsprechen dem Status beim Druck dieses Verzeichnisses (s. Seite 1) – Änderungen, im besonderen der Preise, vorbehalten –

Falken-Verlag GmbH · Postfach 1120 FALKEN **D-65521 Niedernhausen/Ts. · Tel.: 0 61 27 / 70 20**

Marionetten
selbst bauen und führen
(**1043**-5) Von D. Köhnen, 80 S., 150 Farbfotos, mit Schnittmusterbogen, kartoniert. ●●

Hampelmänner
Basteln mit Kindern ab 5 Jahren
(**5240**-5) Von F. Michalski, 32 S., ca. 50 Farbabb., mit Vorlagebg. in Originalgröße, kart. ●

Künstlerpuppen
im 20. Jahrhundert
(**4719**-3) Hrsg. R. Höckh, 160 S., 192 Farbfotos, 26 s/w-Fotos, Pappband. ●●●●●

Charakterpuppen
aus Cernit und Porzellan selbst gestalten
(**1156**-3) Von S. Becker, 64 S., 143 Farbfotos, 30 Zeichnungen, 13 Vignetten, mit Schnittmusterbogen, kartoniert. ●●

Puppen zum Liebhaben
(**5199**-9) Von B. Wehrle, 32 S., 27 Farbfotos, 9 s/w-Zeichnungen, mit Vorlagebogen in Originalgröße, kartoniert. ●

Basteln mit Kindern
Moosgummi
(**5271**-5) Von A. und R. Schurr, 48 S., durchgehend vierfarbig, mit Vorlagebogen, kart. ●

Neue zauberhafte Salzteig-Ideen
(**0719**-1) Von I. Kiskalt, 80 S., 324 Farbfotos, 12 Zeichnungen, Schablonen, kart. ●●

Salzteig kinderleicht
(**0973**-9) Von I. Kiskalt, 80 S., 224 Farbfotos, 8 Zeichnungen, kartoniert. ●●

Hobby Salzteig
(**0662**-4) Von I. Kiskalt, 80 S., 150 Farbfotos, 5 Zeichnungen und Schablonen, kart. ●●

Kreatives gestalten mit Ton
Töpfern ohne Scheibe – Aufbaukeramik
(**0896**-1) Von A. Riedinger, 80 S., 207 Farbfotos, 16 Zeichnungen, 7 Vignetten, kart. ●●

Kreatives Gestalten mit Ton
Töpfern auf der Scheibe
(**0971**-2) Von A. Riedinger, 80 S., 28 Farb- und 3 s/w-Zeichnungen, 178 Farbf., kart. ●●

Kneten und Modellieren
kinderleicht
(**5217**-0) Von V. Ettelt, 32 S., 12 Farbtafeln, 72 Farbzeichnungen, Vorlagebogen, kart. ●

Hobby Glaskunst in Tiffany-Technik
(**0781**-7) Von N. Köppel, 80 S., 194 Farbfotos, 6 s/w-Abbildungen, kartoniert. ●●

Tiffany-Technik
und andere kunstvolle Arbeiten in Glas
(**0972**-0) Von D. Köhnen, 80 S., 176 Farbfotos, 5 s/w-Zeichnungen, kartoniert. ●●

Ikebana
Grundstile und Variationen
(**4749**-5) Von E. Schwalm, 112 Seiten, ca. 165 Farbfotos, 43 Grafiken, 2 Tabellen, gebunden. ●●●●

Dekorieren und Gestalten mit Naturmaterialien
rund ums Jahr
(**4748**-7) Von E. Dommershausen u.a., 128 S., ca. 200 Farbf. und -zeichnungen, geb. ●●●

Masken
phantasievoll dekorieren
(**5155**-7) Von Chr. Familler, 32 S., 48 Farbf., mit Vorlagebg. in Originalgröße, kart. ●

Laubsägearbeiten für das Kinderzimmer
(**5245**-6) Von H.-P. Krafft, 32 S., ca. 50 Farbf., mit Vorlagebg. in Originalgröße, kartoniert. ●

Schwingtiere aus Holz gestalten
(**5222**-7) Von der Arbeitsgem. Werken, 32 S., 50 Farbfotos, mit Vorlagebogen in Originalgröße, kartoniert. ●

FALKEN Video
Drachen
bauen und fliegen
(**6141**-2) VHS, ca. 45 Min., in Farbe, mit Broschüre. ●●●●*

Drachen
bauen und steigen lassen.
(**0767**-1) Von W. Schimmelpfennig, 80 Seiten, 1 dreiseitige Ausklapptafel, 55 Farbfotos, 139 Zeichnungen, kart. ●●●

Lenkdrachen
bauen und fliegen
(**1011**-7) Von W. Schimmelpfennig, 64 Seiten, 51 Farbf. und 126 Zeichnungen, kart. ●●

Neue Lenkdrachen und Einleiner
bauen und fliegen
(**1353**-1) Von W. Schimmelpfennig, 80 Seiten, 54 Farbf., 95 Farbzeichn., kart. ●●●

Drachen
Einfache Modelle für Kinder
(**5156**-5) Von W. Schimmelpfennig, 32 Seiten, 11 Farbfotos, 31 Zeichnungen, mit Vorlagebogen, kartoniert. ●

Basteln mit Kleinkindern
ab 3 Jahren
(**4747**-9) Von W. Kottke und I. Hübers-Kemink, 128 Seiten, über 200 Farbabbildungen, mit Vorlagebogen, gebunden. ●●●

Das goldene Bastelbuch für Kinder
(**4769**-X) Von U. Barff (Hrsg.), 336 Seiten, durchg. vierf., mit 2 Vorlagebogen, geb. ●●●

Basteln mit Kindern
Dinos & Drachen
(**5279**-0) Von G. Reinscheid, 48 Seiten, durchgehend vierfarbig, mit Vorlagebogen, kart. ●

Basteln mit Kindern
Fensterbilder Ritter und Burgen
(**5284**-7) Von D. Köhnen, 48 Seiten, durchgehend vierfarbig, mit Vorlagebogen, kart. ●

Das große farbige
Bastelbuch für Kinder
(**4254**-X) Von U. Barff, I. Burkhardt, J. Maier, 224 S., 157 Farbf., 430 Farb- und 60 s/w-Zeichn., m. Schnittmusterbg., Pappband. ●●●

Origami
Tiere aus aller Welt
(**5250**-2) Von J. Maier, 32 Seiten, 19 Farbfotos, 68 Farb- u. 16 s/w-Zeichnungen, kartoniert. ●

Hobby Origami
Papierfalten für groß und klein
(**0756**-6) Von Z. Aytüre-Scheele, 80 Seiten, 820 Farbfotos, kartoniert. ●●

Neue zauberhafte Origami-Ideen
Papierfalten für groß und klein
(**0805**-8) Von Z. Aytüre-Scheele, 80 Seiten, 720 Farbfotos, kartoniert. ●●

Zauberwelt Origami
Tierfiguren aus Papier
(**1045**-1) Von Z. Aytüre-Scheele, 80 Seiten, 660 Farbfotos, kartoniert. ●●

Kreatives Gestalten mit **Papiermaché**
(**5246**-4) Von B. Jetzek-Berkenhaus, 32 S., ca. 50 Farbfotos, mit Vorlagebogen in Originalgröße, kartoniert. ●

Marmorieren
Muster · Techniken · Gestaltungsideen
(**5247**-2) Von T. Hartel, 32 S., ca. 50 Farbfotos, mit Vorlagebg. in Originalgröße, kart. ●

Heut basteln wir mit Pappe und Papier
(**4413**-5) Von U. Barff, J. Maier, 224 Seiten, 117 Farbfotos, 480 Farbzeichn., 25 s/w-Abb., mit Schnittmusterbogen, Pappband. ●●●

Das große farbige Bastel- und Werkbuch
(**4439**-9) Von D. Rex, 256 S., 999 Farbfotos, 33 Farbzeichnungen, Pappband. ●●●●

Mein liebstes Spiel- und Bastelbuch
Die Welt der Dinosaurier
Tiere und Landschaften zum Selbermachen
Ausbrechen, aufstellen, spielen
(**4478**-X) Von B. Burkart, 8 Blatt mit herauslösbaren Motiven, 280-g-Karton mit Stanzung, 8 S. Bastelanl. und Sachinformation. ●●

Das große farbige
Dinosaurierbastelbuch
(**4686**-3) Von S. Koter, 128 S., 87 Farbfotos, 71 Farbzeichn., Vorlagebogen, Pappbd. ●●●

Fensterbilder in Scherenschnitt
(**5169**-7) Von A. Hahn, 32 Seiten, 52 Farbfotos, 3 s/w-Fotos, mit Vorlagebogen in Originalgröße, kartoniert. ●

Fensterbilder
Meine Lieblingstiere
(**5197**-2) Von Y. Thalheim, H. Nadolny, 32 Seiten, 38 Farbfotos, mit Vorlagebogen in Originalgröße, kartoniert. ●

Fensterbilder Enten und Gänse
(**5278**-2) Von D. Köhnen, 48 Seiten, durchgehend vierfarbig, mit Vorlagebogen, kart. ●

Fensterbilder Lustige Tiere
(**5210**-3) Von F. Michalski, 32 S., 47 Farbfotos, mit Vorlagebogen in Originalgröße, kart. ●

Fensterbilder Bauernhof
(**5264**-2) Von D. Köhnen, 48 Seiten, 44 Farbfotos, Vorlagebogen, kartoniert. ●

Fensterbilder Dinosaurier
(**5260**-X) Von C. Hüfner, 32 S., 8 Farbfotos, 47 Farbzeichnungen, Bastelbogen, kart. ●

Basteln mit Kindern
Fensterbilder Ritter und Burgen
(**5284**-7) Von D. Köhnen, 48 Seiten, durchgehend vierfarbig, mit Vorlagebogen, kart. ●

Mit Farben und Papieren
Fenster dekorieren
(**5255**-3) Von K. Groß, 32 Seiten, 8 Farbfotos, 59 Farbzeichnungen, kartoniert. ●

Basteln mit Kindern
Große Fensterbilder
(**5276**-6) Von D. Köhnen, 48 Seiten, durchgehend vierfarbig, mit Vorlagebogen, kart. ●

Originelle Fensterbilder
aus Tonpapier und Tonkarton
(**1305**-1) Von D. Köhnen, 64 Seiten, 70 Farbfotos, kartoniert. ●●

Die schönsten Fensterbilder
(**1066**-4) Von C. Kimmerle, 64 S., 100 Farbfotos, 7 Zeichnungen, kartoniert. ●●

Das Fensterbilder-Alphabet
Basteln mit Kindern ab 5 Jahren
(**5242**-1) Von E. Bohne, 32 S., ca. 50 Farbabb., mit Vorlagebogen in Originalgröße, kart. ●

Märchenhafte Fensterbilder
(**5185**-9) Von J. Maier, 32 S., 37 Farbfotos, mit Vorlagebogen in Originalgröße, kart. ●

Fensterbilder Blumen und Tiere
(**5186**-7) Von M. Twachtmann, 32 Seiten, 41 Farbfotos, 3 Zeichnungen, mit Vorlagebogen in Originalgröße, kartoniert. ●

Fensterbilder rund um die Welt
(**1411**-2) Von D. Köhnen, 64 Seiten, Vorlagebogen, 66 Farbfotos, kartoniert. ●●

Fensterbilder Zahlen
(**5268**-5) Von E. Bohne, 32 S., zahlr. Farbabbildungen, Vorlagebogen, kartoniert. ●

Fensterbilder Strand und Meer
(**5266**-9) Von B. Alex, 32 S., 57 Farbfotos, Vorlagebogen, kartoniert. ●

Fensterschmuck
Originelle Ideen für Dekorationen und Fensterbilder
(**1241**-1) Von D. Köhnen, 64 S., ca. 70 Farbfotos, Vorlagebogen, kartoniert. ●●

Klassisches Origami
Asiatische Faltkunst für Fortgeschrittene
(**1454**-6) Von P. D. Tuyen, ca. 80 Seiten, ca. 600 farbige Abbildungen, kartoniert. ●●

Sticker
Bastelspaß mit bunten Bildern
(**5270**-7) Von D. Dieterle und J. Reick, 48 S., 73 Farbfotos, mit Vorlagebogen, kartoniert. ●

Papierflieger
(**5157**-3) Von T. Gött, 32 S., 73 Farbf., 19 Zeichn mit Vorlagebogen in Originalgröße, kart. ●

Windspielzeug
Bastelspaß mit Kindern ab 5 Jahren
(**5241**-3) Von D. Köhnen, 32 S., ca. 50 Farbabb., mit Vorlagebg. in Originalgröße, kart. ●

Flieger und Schiffe aus Papier
falten, ausbalancieren und steuern
(**1410**-4) Von C. Hüfner, ca. 80 Seiten, zahlr. Farbabbildungen, kartoniert. ●●

Faltschnitte
(**5257**-X) Von B. Blankenburg, 32 S., 12 Farbf., 42 Farbzeichn., Vorlagebogen, kartoniert. ●

Laternen und Lampions
(**5206**-5) Von C. Hüfner, 32 S., 60 Farbfotos, mit Vorlagebogen in Originalgröße, kart. ●

Mobiles aus Papier
(**5183**-2) Von J. Maier, 32 S., 17 Farbfotos, 35 Farbzeichnungen, mit Vorlagebogen in Originalgröße, kartoniert. ●

Tiermobiles
(**5258**-8) Von C. Hüfner, 32 Seiten, 57 Farbzeichnungen, Vorlagebogen, kartoniert. ●

Sonne, Mond und Sterne
Motive und Geschenkideen
(**5282**-0) Von D. Köhnen, 48 Seiten, durchgehend vierfarbig, mit Vorlagebogen, kart. ●

Bastelideen für Indianerspiele
(**5252**-9) Von B. Nelich, D. Velte, 32 Seiten, 38 Farbfotos, Vorlagebogen, kartoniert. ●

Der große Verkleidungsspaß
Kinderkostüme
(**1304**-3) Von C. Baumgarten, 53 Farbfotos, 183 Farbzeichn., Vorlagebogen, kart. ●●

Lustige Geschenk- und Schultüten
(**5263**-4) Von F. Michalski, 32 Seiten, 26 Farbfotos, Vorlagebogen, kartoniert. ●

Deco Art
Die Kunst, Geschenke zu verpacken
(**0949**-6) Von B. Niermann, 80 S., 78 Farbfotos, 191 Zeichnungen, kartoniert. ●●

Geschenke wunderschön verpacken
(**1113**-X) Von P. Jansen, 80 S., 79 Farbfotos, 166 Farbzeichnungen, kartoniert. ●●

Geschenke umweltfreundlich verpacken
(**1240**-3) Von P. Jansen, 64 S., vierfarbige Fotos und Illustrationen, kartoniert. ●●

Geldgeschenke
phantasievoll gestalten
(**5251**-0) Von P. Jansen, 32 Seiten, 49 Farbfotos, Vorlagebogen, kartoniert. ●

Geldgeschenke · Gutscheine · Geschenkanhänger
originell gestalten und verpacken
(**1115**-6) Von S. Haenitsch-Weiß, A. Weiß, 80 Seiten, 176 Farbfotos, kartoniert. ●●

Geschenke verpacken für Kinderfeste
(**5195**-6) Von C. Netolitzky, 32 S., 43 Farbfotos, mit Vorlagebogen in Originalgröße, kart. ●

Originelles Ambiente für Gäste
Festdekorationen
(**1049**-4) Von B. Niermann, 80 S., 125 Farbfotos, 59 Farbzeichn., kartoniert. ●●

Origineller Bastelspaß rund ums Herz
Motive und Geschenkideen
(**5272**-3) Von D. Köhnen, 48 Seiten, durchgehend vierfarbig, mit Vorlagebogen, kart. ●

Dekorative Schleifen
aus Bändern und Papier
(**5205**-7) Von M. Schorege, 32 S., 28 Farbfotos, 31 Farbzeichnungen, mit Vorlagebogen in Originalgröße, kartoniert. ●

Dekorieren und Arrangieren mit
Seidenblumen
(**5200**-6) Von M. L. Sprang, 32 S., 37 Farbfotos, 14 Farbzeichnungen, mit Vorlagebogen in Originalgröße, kartoniert. ●

Schmuck- und Glückwunschkarten
Papierarchitektur · Collagen · Faltschnittkarten
(**1114**-8) Von C. Sanladerer, 64 S., 55 Farbfotos, 31 Zeichnungen, kartoniert. ●●

Einladungs-, Tisch- und Menükarten
selbst gestalten
(**1302**-7) Von S. Haenitsch-Weiß, 80 Seiten, zahlreiche Farbabbildungen, kartoniert. ●●

Basteln mit Kindern
Moosgummi
(**5271**-5) Von A. und R. Schurr, 48 Seiten, durchgehend vierfarbig, mit Vorlagebogen, kartoniert. ●

Originell und Modern
Moosgummi
(**1354**-X) Von S. Boczkowski-Sigges, 56 Seiten, 92 Farbfotos, kartoniert. ●●

Osterschmuck
Neue Ideen für Kränze, Sträuße, Gestecke
(**5267**-7) Von I. Gleim, ca. 32 Seiten, zahlr. Farbabbildungen, kartoniert. ●

Basteln mit Kindern für
Ostern
(**5283**-9) Von V. Ettelt u.a., 48 Seiten, 12 Farbf., 83 Farbzeichnungen, mit Vorlagebg., kart. ●

Ostereier originell dekorieren
(**5219**-7) Von W. Velte, 32 S., 44 Farbfotos, mit Vorlagebogen in Originalgröße, kart. ●

Fensterbilder für die Osterzeit
(**5244**-8) Von R. Lübke, D. Lübke, 32 S., ca. 50 Farbf., mit Vorlagebg. in Originalg., kart. ●

Basteln für Ostern
(**5164**-6) Von Chr. Adjano, 32 S., 47 Farbfotos, mit Vorlagebogen in Originalgröße, kart. ●

Ostereier
Basteln mit Kindern ab 5 Jahren
(**5243**-X) Von Vera Ettelt, 32 Seiten, mit Spielebogen, kartoniert. ●

Tischdekorationen für Ostern
(**5220**-0) Von Chr. Adjano, 32 S., 49 Farbfotos, mit Vorlagebogen in Originalgröße, kart. ●

Basteln und dekorieren für
Advent und Weihnachten
(**4446**-1) Von G. Teusen, C. Netolitzky, 176 S., 285 Farbf., mit Bastelvorlagebg., Pappb. ●●●

Kinderbastelbuch
für Advent und Weihnachten
(**4687**-1) Von S. Wetzel-Maesmanns, 104 S., ca. 120 Farbfotos, ca. 300 Anleitungsillustrationen, Vorlagebogen, Pappband. ●●

Lustige Bastelideen für die
Weihnachtszeit
(**5256**-1) Von B. Löschenkohl, 32 S., 8 Farbfotos, 69 Farbzeichn., Vorlagebogen, kart. ●

Basteln für Weihnachten
(**5162**-X) Von Chr. Adjano, 32 S., 44 Farbfotos, mit Vorlagebogen in Originalgröße, kart. ●

Fensterbilder Winter und Weihnachten
(**5275**-8) Von F. Michalski, 48 S., 57 Farbfotos, Vorlagebogen, kartoniert. ●

Fensterdekorationen für die Weihnachtszeit
(**5181**-6) Von Y. Thalheim, H. Nadolny, 32 S., 33 Farbfotos, mit Vorlagebogen in Originalgröße, kartoniert. ●

Fensterbilder für Advent und Weihnachten
(**5211**-1) Von M. Schorege, 32 S., 24 Farbf., 15 Zeichn., mit Vorlagebg. in Originalg., kart. ●

Strohsterne
in bunter Vielfalt
(**5273**-1) Von M. Schorege, 48 S., 46 Farbfotos, Vorlagebogen, kartoniert. ●

Duftender Weihnachtsschmuck
aus Tonpapier und Potpourris
(**5254**-1) Von S. Wetzel-Maesmanns, 32 Seiten, 38 Farbfotos, Vorlagebogen, kartoniert. ●

Duftsträuße und Potpourris
(**1239**-X) Von A. Effelsberg, 80 Seiten, ca. 200 vierfbg. Abbildungen, kartoniert. ●●

Potpourris
Rezepturen und Geschenkideen
(**5265**-0) Von U. Altmann, 32 Seiten, 53 Farbfotos, kartoniert. ●

Trockenblumen
Gewürzsträuße, Gestecke, Kränze, Buketts
(**0643**-8) Von R. Strobel-Schulze, 88 Seiten, 170 Farbfotos, kartoniert. ●●

Phantasievolles Schminken
Verzauberte Gesichter für Maskeraden, Laienspiele und Kinderfeste
(**0907**-0) Hrsg.: H. u. Y. Nadolny, 64 Seiten, 227 Farbfotos, kartoniert. ●●

Schminken für Kinder
(**5177**-8) Von Y. Thalheim, H. Nadolny, 32 S., 68 Farbfotos, mit Vorlagebogen in Originalgröße, kartoniert. ●

Do it yourself und Technik

Moderne Fotopraxis
(**4401**-1) Von G. Koshofer, Prof. H. Wedewardt, 224 S., 363 Farbfotos, 106 s/w-Fotos, 5 Farb- und 24 s/w-Zeichnungen, Pappband. ●●●●

So macht man bessere Fotos
(**1158**-X) Von G. Koshofer, 144 S., 259 Farbfotos, 25 s/w-Fotos, kartoniert. ●●

So macht man bessere Kinderfotos
(**1459**-7) Von G. Koshofer, ca. 120 Seiten, ca. 260 farbige Abbildungen, kartoniert. ●●●

Kodak Photo CD
Bilder archivieren, bearbeiten, präsentieren
(**4388**-0) Von H. Freund, ca. 176 Seiten, durchgehend vierfarbig, kartoniert. ●●●

Videografieren
Filmen mit Video 8. Technik – Bildgestaltung – Schnitt – Vertonung.
(**0843**-0) Von M. Wild, K. Möller, 120 Seiten, 101 Farbfotos, 22 s/w-Fotos, 52 Zeichnungen, kartoniert. ●●●

Videografieren perfekt
Profitricks für Aufnahmetechnik und Nachbearbeitung
(**0969**-0) Von W. Schild, 120 S., 144 Farbabbildungen, 5 s/w-Zeichnungen, kart. ●●●

Besser VIDEOfilmen
Moderne Technik für perfekte Videos
(**1458**-9) Von W. Schild, ca. 160 Seiten, zahlreiche Farbabbildungen, kartoniert. ●●●

Videofilmen wie ein Profi
Technik · Motive · Filmaufbau · Nachbearbeitung
(**4506**-9) Von T. Pehle, 232 S., 444 Farbfotos, 61 zweifbg. Zeichnungen, Pappband. ●●●●

Do it yourself
Heimwerken
(**4117**-9) Von T. Pochert, 456 S., 1103 Farbfotos, 100 Farbabb., Pappband. ●●●●

Drechseln
Material · Technik · Beispiele
(**1306**-X) Von O. Maier, 72 S., 195 Farbabbildungen, 14 s/w-Zeichnungen, kartoniert. ●●

Do it yourself
Dachgeschoß- und Innenausbau
(**1243**-8) Von M. Maurer, 96 S., 314 Farbfotos, 35 Zeichn., kartoniert. ●●

Do it yourself
Sanitärinstallationen
(**1118**-0) Von W. Kawlath, 96 Seiten, 214 Farbabbildungen, kartoniert. ●●

Do it yourself
Metall bearbeiten
(**1119**-9) Von O. Maier, 96 S., 230 Farbfotos, 6 s/w-Zeichnungen, kartoniert. ●●

Do it yourself
Elektroarbeiten
(**0975**-5) Von K. H. Schubert, 120 S., 193 Farbfotos, 40 Zeichnungen, kartoniert. ●●

Möbel im Designer-Stil
entwerfen und bauen
(**1360**-4) Von H.-W. Bastian, ca. 64 Seiten, zahlr. Farbabbildungen, kartoniert. ●●●

Möbel für Kinderzimmer und Wohnbereich
(**1456**-2) Von H.-W. Bastian, 80 Seiten, vierfarbig, kartoniert. ●●

Schnitzen
Hölzer · Muster · Werkzeuge
(**1414**-7) Von O. Maier, ca. 64 Seiten, zahlr. Farbabbildungen, kartoniert. ●●

Modellbauelektronik
Fernsteuerungen für Autos, Schiffe, Flugzeuge
(**1361**-2) Von W. Kawlath, 80 Seiten, zahlr. Farbabbildungen, kartoniert. ●●

Alarmanlagen
für Wohnung, Haus, Auto
(**1308**-6) Von H.-W. Bastian, 64 Seiten, 81 Farbfotos, 32 Zeichnungen kartoniert. ●●

Solarstromanlagen
bauen und installieren
(**1457**-0) Von P. Röbke-Doerr, E. Steffens, ca. 80 Seiten, ca. 200 farbige Abbildungen, kartoniert. ●●

Hifi-Boxen
(**1307**-8) Von U. Hilgefort, 96 S., 160 Farbfotos, 49 Zeichnungen, kartoniert. ●●

Technik im Garten
Pumpen · Filter · Beleuchtung
(**1238**-1) Von H.-W. Bastian, 64 S., 90 Farbfotos, 17 Farbzeichnungen, kartoniert. ●●

Restaurieren von Möbeln
Stilkunde, Materialien, Techniken, Arbeitsanleitungen in Bildfolgen.
(**4120**-9) Von E. Schnaus-Lorey, 152 S., 37 Farbf., 75 s/w-Fotos, 352 Zeichn., Pappbd. ●●●●

Elektronik als Hobby
Von der Grundlagenschaltung zum integrierten Schaltkreis
Mit 8 wichtigen Universalplatinen
(**4293**-0) Von W. Priesterath, 264 S., 80 s/w-Fotos, 128 Zeichn., Pappband. ●●●●

Die Super-Sportwagen der Welt
(**4423**-2) Von H. G. Isenberg, 194 S., 184 Farbfotos, 4 farbige Ausklapptafeln, 32 s/w-Fotos, Pappband. ●●●●

Die Super-Rennwagen der Welt
(**4707**-X) Von H. G. Isenburg, 194 Seiten, 189 Farbf., 31 s/w-Fotos, Pappband. ●●●●

Die Super-Trucks der Welt
(**4257**-4) Von H. G. Isenberg, 194 Seiten, 205 Farbfotos, 87 s/w-Fotos, 7 Farbzeichn., 4 farbige Ausklapptafeln, Pappbd. ●●●●

Die Super-Motorräder der Welt
(**4193**-4) Von H. G. Isenberg, 192 Seiten, 170 Farb- und 100 s/w-Fotos, 8 Zeichnungen, Pappband. ●●●●

Die Super-Eisenbahnen der Welt
(**4287**-6) Von W. Kosak, H. G. Isenberg, 224 S., 269 Farbfotos, 79 s/w-Fotos, 8 Vignetten, 5 farbige Ausklapptafeln, Pappband. ●●●●

Die Super-Dampfloks der Welt
(**4480**-1) Von H. Faust, H. G. Isenberg, 194 Seiten, 193 Farbfotos, mit vier Ausklapptafeln, Pappband ●●●●

Plastikmodellbau
Autos, Schiffe, Flugzeuge in vollendeter Technik.
(**1116**-4) Von W. Kawlath, 96 Seiten, 272 Farbabbildungen, kartoniert. ●●

Spiele und Denksport

Spielbare Witze für Kinder
(**0824**-4) Von H. Schmalenbach, 112 Seiten, 30 Zeichnungen, kartoniert. ●

Neue spielbare Witze für Kinder
(**1173**-3) Von H. Schmalenbach, 96 Seiten, 31 Zeichnungen, kartoniert. ●

Scherzfragen, Drudel und Blödeleien
gesammelt von Kindern.
(**0506**-7) Hrsg. von W. Pröve, 80 Seiten, 57 Zeichnungen, kartoniert. ●

Spiele mit Papier und Bleistift
(**2044**-9) Von K.-H. Koch, ca. 96 Seiten, kartoniert. ●

Der Elefant in meiner Hand …
Fingerspiele
für Kinder vom Baby – bis zum Grundschulalter
(**2043**-0) Von G. Falkenberg, 72 Seiten, 146 Farbzeichnungen, kartoniert. ●

Kinderspiele
die Spaß machen
(**2009**-0) Von H. Müller-Stein, 104 Seiten, 28 Abbildungen, kartoniert. ●

Kinderspiele mit Buchstaben und Wörtern
(**1041**-9) Von Dr. U. Vohland, 96 Seiten, 54 Zeichnungen, kartoniert. ●

Spiel und Spaß am Krankenbett
für Kinder und die ganze Familie
(**2035**-X) Von H. Bücken, 96 Seiten, 97 Zeichnungen, kartoniert. ●

Spiele im Freien
(**2038**-4) Von G. Wagner, 88 S., 20 zweifbg.-Zeichnungen, kartoniert. ●

Spiel und Spaß zu Hause
(**2039**-2) Von U. Geißler, 80 S., 90 zweifbg. Abbildungen, kartoniert. ●

Spiel und Spaß auf Reisen
Für Kinder und die ganze Familie
(**1085**-0) Von U. Geißler, 80 S., 107 zweifbg.-Zeichnungen, kartoniert. ●

Kleine Spiele ganz groß
(**1330**-2) Von U. Vohland, 80 Seiten, 93 s/w-Zeichnungen, kart. ●

Entdeckungsspiele für die ganze Familie
Rallyes zu Fuß und mit dem Fahrrad
(**1393**-0) Von U. Vohland, 96 S., 117 Zeichnungen, kartoniert. ●●

Kinder spielen Theater
(**4696**-0) Von G. Walter, 160 S., 48 Farbfotos, 229 Farbzeichnungen, Pappband. ●●●

Guten Tag, Kinder!
Neue Texte mit Spielanleitungen fürs Kasperletheater.
(**0861**-9) Von U. Lietz, 96 S., 18 s/w-Zeichnungen, kartoniert. ●

Kasperletheater
Spieltexte und Spielanleitungen · Basteltips für Theater und Puppen.
(**0641**-1) Von U. Lietz, 114 Seiten, 4 Farbtafeln, 12 s/w-Fotos, 39 Zeichnungen, kartoniert. ●●

Kindergeburtstage, die keiner vergißt
Planung, Gestaltung, Spielvorschläge.
(**0698**-5) Von G. und G. Zimmermann, 104 S., 80 Vignetten, kartoniert. ●

Kindergeburtstag
Vorbereitung, Spiel und Spaß.
(**0287**-4) Von Dr. I. Obrig, 136 S., 40 Abb., 11 Zeichn., 9 Lieder mit Noten, kart. ●●

Unvergeßliche Kindergeburtstage
(**4705**-3) Von G. Hennekemper, 176 S., 116 Farbfotos, 134 Farbzeichn., Pappband. ●●●

Unvergeßliche Kinderpartys
Tolle Ideen für Einladungen, Dekorationen und Spiele
(**4756**-8) Von V. Mirschel, 112 S., zahlreiche Farbfotos und -zeichnungen, gebunden. ●●●

Unvergeßliche Kinderfeste
Tolle Dekorationen, Spiele, Sketche für drinnen und draußen
(**4457**-7) Von Dr. G. Hennekemper, 192 S., 111 Farbfotos, 214 Farb- und 14 s/w-Zeichnungen, 4 S. Schnittmuster, Pappband. ●●●

Spielen mit den Allerkleinsten
(**4691**-X) Von S. Horak, 128 S., 47 Farbfotos, Pappband. ●●●

Lauter tolle Sachen, die Kinder gerne machen
(**4731**-2) Hrsg. U. Barff., 352 S., 117 Farbfotos, 778 Farbzeichnungen, Pappband. ●●●●

Das große bunte Spielebuch
für Kinder von 2 bis 6 Jahren
(**4543**-3) Von R. Grabbet, 160 S., 312 Farbabbildungen, Pappband. ●●●

Mein kunterbuntes Ratebuch
Rätselspiele mit Bildern und Wörtern für Kinder von 7 bis 10 Jahren
(**4697**-9) Von D. und R. Zey, ca. 144 Seiten, durchgehend vierfarbig, gebunden. ●●●

Neues Buch der siebzehn und vier Kartenspiele
(**0095**-2) Von K. Lichtwitz, 96 S., kartoniert. ●

Alles über Pokern
Regeln und Tricks.
(**2024**-4) Von C. D. Grupp, 112 S., 29 Kartenbilder, kartoniert. ●

Rommé und Canasta
in allen Variationen.
(**2025**-2) Von C. D. Grupp, 88 S., 24 Zeichnungen, kartoniert. ●

Doppelkopf, Schafkopf, Binokel, Cego, Tarock und andere Stammtischspiele.
(**2015**-5) Von C. D. Grupp, 112 S., kartoniert. ●

Das Skatspiel
Eine Fibel für Anfänger
(**0206**-8) Von K. Lehnhoff, 96 S., kartoniert. ●

Spielend Skat lernen
unter freundlicher Mitarbeit des Deutschen Skatverbandes
(**2005**-8) Von Th. Krüger, 120 Seiten, 181 s/w-Fotos, 22 Zeichnungen, kart. ●●

Patiencen
in Wort und Bild. (**2003**-1) Von I. Wolter-Rosendorf, 120 Seiten, kartoniert. ●

Neue Patiencen
(**2036**-8) Von H. Sosna, 160 Seiten, 43 Farbtafeln, kartoniert. ●●

Spielend Bridge lernen
(**2012**-0) Von J. Weiss, 96 Seiten, 58 Zeichnungen, kartoniert. ●

Spieltechnik im Bridge
(**2004**-X) Von V. Mollo und N. Gardener, dt. Adaption von D. Schröder, 152 S., kart. ●●●

Neue Kartentricks
(**2027**-9) Von K. Pankow, 104 Seiten, 20 Abbildungen, kartoniert. ●

Das japanische Brettspiel Go
(**2020**-1) Von W. Dörholt, 104 S., 182 Diagramme, kart. ●

Spielend Go lernen
(**2041**-4) Von H. Otake, S. Futakuchi, 192 S., 615 s/w-Zeichnungen, kartoniert. ●●

Mah-Jongg
Das chinesische Glücks-, Kombinations- und Gesellschaftsspiel. (**2030**-9) Von U. Eschenbach, 80 S., 30 s/w-Fotos, 5 Zeichn., kart. ●

Backgammon
für Anfänger und Könner. (**2008**-2) Von G. W. Fink und G. Fuchs, 104 S., 41 Abb., kart. ●

Einführung in das Schachspiel
(**0104**-5) Von W. Wollenschläger und K. Colditz, 112 S., 116 Diagramme, kartoniert. ●

Schach, das königliche Spiel
Von den Grundzügen zum strategischen Spiel.
(**1105**-9) Von T. Schuster, 192 S., 302 Diagramme, kart. ●●

Spielend Schach lernen
(**2002**-3) Von T. Schuster, 96 S., , kartoniert. ●

Kinder- und Jugendschach
Offizielles Lehrbuch des Deutschen Schachbundes zur Erringung der Bauern-, Turm- und Königsdiplome.
(**0561**-X) Von B. J. Withuis, H. Pfleger, 144 S., 220 Zeichnungen und Diagramme, kart. ●●

Zug um Zug
Schach für jedermann 1
Offizielles Lehrbuch des Deutschen Schachbundes zur Erringung des Bauerndiploms.
(**0648**-9) Von H. Pfleger, E. Kurz, 80 Seiten, 24 s/w-Fotos, 8 Zeichnungen, 60 Diagramme, kartoniert. ●●

Zug um Zug
Schach für jedermann 2
Offizielles Lehrbuch des Deutschen Schachbundes zur Erringung des Turmdiploms.
(**0659**-4) Von H. Pfleger, E. Kurz, 128 Seiten, 7 s/w-Fotos, 13 Zeichnungen, 78 Diagramme, kartoniert. ●●

Zug um Zug
Schach für jedermann 3
Offizielles Lehrbuch des Deutschen Schachbundes zur Erringung des Königsdiploms.
(**0728**-0) Von H. Pfleger, G. Treppner, 128 S., 4 s/w-Fotos, 84 Diagr., 10 Zeichn., kart. ●●

Schach für Fortgeschrittene
Taktik und Probleme des Schachspiels
(**0219**-X) Von R. Teschner, 88 Seiten, 85 Diagramme, kartoniert. ●

Neue Schacheröffnungen
(**0478**-8) Von T. Schuster, 104 Seiten, 100 Diagramme, kartoniert. ●

Würfelspiele
für jung und alt. (**2007**-4) Von F. Pruss, 112 S., 21 s/w-Zeichnungen, kartoniert. ●

Roulette richtig gespielt
Systemspiele, die Vermögen brachten.
(**0121**-5) Von M. Jung, 96 S., zahlreiche Tabellen, kartoniert. ●

Spiele für Party und Familie
(**2014**-7) Von Rudi Carrell, 80 S., 22 Zeichnungen, kartoniert. ●

Neue Spiele für Ihre Party
(**2022**-8) Von G. Blechner, 120 S., 54 Zeichnungen, kartoniert. ●

Lustige Tanzspiele und Scherztänze
für Partys und Feste.
(**0165**-7) Von E. Bäulke, 80 S., 53 Abb., kart. ●

Das Spiel mit der Schwerkraft
Jonglieren
Mit Bällen, Keulen, Ringen und Diabolo.
(**1009**-5) Von S. Peter, 80 S., 149 Farbfotos, kartoniert. ●

Zaubern
einfach – aber verblüffend.
(**2018**-X) Von D. Bouch, 84 Seiten, 41 Zeichnungen, kartoniert. ●

Tips, Tricks und Gewinnstrategien für Game-Boy-Spiele
(**1235**-7) Von René Zey, 176 Seiten, 100 Zeichnungen, kartoniert. ●●

Neue Game-Boy-Spiele
Sport, Action und Adventure
(**1325**-6) Von R. Zey, 176 Seiten, 21 s/w-Zeichnungen, kartoniert. ●●

Alles über Super-Nintendo-Spiele
Technik, Tips und Facts
(**1340**-X) Von D. Mark, 104 S., zahlreiche Farbabbildungen, kartoniert. ●●

Das 3. Glücksrad Rätselbuch
(**1391**-4) 160 Seiten, kartoniert. ●●

Rätselspiele
Quiz- und Scherzfragen für gesellige Stunden
(**1270**-5) Von K. H. Schneider, ca. 80 Seiten, ca. 80 s/w-Abbildungen, kartoniert. ●

Knobeleien und Denksport
(**2019**-8) Von K. Rechberger, 142 Seiten, 105 Zeichnungen, kartoniert. ●

So feiert man Feste fröhlicher
Heitere Vorträge und Gedichte
(**0098**-7) Von Dr. Allos, 96 Seiten, 15 Abbildungen, kartoniert. ●

Die große Lachparade
Neue Texte für heitere Vorträge und Ansagen
(**0188**-6) Von E. Müller, 80 S., kartoniert. ●

Rat und Wissen

Der gute Ton
in Gesellschaft und Beruf.
(**0063**-4) Von I. Wolter, 80 S., 42 s/w-Fotos, 7 Zeichnungen, kartoniert. ●

Der gute Ton
im Privatleben.
(**1111**-3) Von I. Wolter, bearbeitet von Wolf Stenzel, 104 S., 42 s/w-Abbildungen, kart. ●

Umgangsformen heute
Die Empfehlungen des Fachausschusses für Umgangsformen.
(**4015**-6) 252 S., 108 s/w-Fotos, 17 Zeichnungen, Pappband. ●●●

Abc der modernen Umgangsformen
(**4754**-1) Von I. Wolff, ca. 300 Seiten, zahlreiche Abbildungen, gebunden. ●●●

Benehmen bei Tisch
(**0988**-7) Von I. Cording, 80 S., 90 Farbfotos, 5 s/w-Zeichnungen, kartoniert. ●●

Krawatten
Fliegen, Schals und Tücher gekonnt binden
(**1072**-9) Von Y. Thalheim, H. Nadolny, 48 S., 129 Farbfotos, 1 s/w-Foto, Pappband. ●

freundin
Farbberatung
Alle Farben, die Ihnen wirklich stehen
(**4520**-4) Von Chr. Buscher, 128 Seiten, 175 Farbfotos, Pappband. ●●●●

freundin
Das perfekte Make-up
(**4727**-4) Von M. Rüdiger, H. Kirchberger, G. Mergenburg, 128 Seiten, 271 Farbfotos, Pappband. ●●●●

freundin
Der große Ratgeber
Body Fitness
Diät · Pflege · Bräune · Gymnastk · Anti-Cellulite-Programm
(**4758**-4) Von M. Bückmann u.a., ca. 128 S., durchgehend vierfarbig, gebunden. ●●●●

freundin Ratgeber
Hochzeit feiern
(**4702**-2) Von C. von Hoerner-Nitsch, I. Weber, K. Riebartsch, C. von Bernuth, 128 Seiten, 188 Farbfotos., 28 s/w-Fotos, Pappbd. ●●●●

freundin
Typ & Frisur
(**4695**-2) Von E. Bolz, 128 S., 219 Farbfotos, Pappband. ●●●●

Gedichte, Reden und Sketche
für grüne, silberne u. goldene Hochzeitstage
(**1269**-1) Von F. Rieder, 160 S., durchgehend vierfarbig, Pappband. ●●

Von der Verlobung zur Goldenen Hochzeit
(**0393**-5) Von E. Runge, 112 Seiten, kartoniert. ●

Hochzeitszeitungen
Tolle Ideen für Leute von heute
(**1379**-5) Von Y. Thalheim, 80 S., 160 zweifbg. Abbildungen, kartoniert. ●●

Die Silberhochzeit
Vorbereitung · Einladung · Geschenkvorschläge · Dekoration · Festablauf · Menüs · Reden · Glückwünsche. (**0542**-3) Von K. F. Merkle, 112 S., 41 Zeichnungen, kartoniert. ●

Geburtstagsfeiern für jedes Alter
Planung und Festgestaltung
(**1382**-5) Von S. Ahrndt, 120 S., 145 Farbfotos, 28 Farbzeichnungen, kartoniert. ●●

Geburt und Taufe feiern
Planung und Festgestaltung
(**1443**-0) Von S. Ahrendt, 112 Seiten, 46 Farbzeichn., kartoniert. ●●

Wie soll es heißen?
(**0211**-4) Von D. Köhr, 136 S., kartoniert. ●

Unsere beliebtesten Vornamen
(**1023**-0) Von A. F. W. Weigel, 160 Seiten, 75 s/w-Fotos, Pappband. ●●

Die schönsten Vornamen
(**4755**-X) Hrsg. Dr. D. Voorgang, ca. 208 Seiten, über 100 Farbzeichnungen, gebunden. ●

Kindergedichte, Lieder und Sketche für Hochzeitsfeiern
(**1112**-1) Von B. Lins, 72 Seiten, 26 farbige Abbildungen, 15 Lieder, kartoniert. ●

Neue Kindergedichte und Lieder für Hochzeitsfeste
(**1431**-7) Von A. Schweiggert, 80 S., 27 s/w-Zeichnungen, kartoniert. ●

Kindergedichte rund ums Jahr
(**1040**-0) Von A. Schweiggert, 80 Seiten, 49 Zeichnungen, 6 Vignetten, kartoniert. ●

Kindergedichte für alle Tage und Feste
Freu dich, daß noch Blumen sprießen …
(**1489**-9) Von G. Rudolf, 160 S., durchgehend zweifarbig, gebunden. ●●

Ins Gästebuch geschrieben
(**0576**-8) Von K. H. Trabeck, 96 Seiten, 24 Zeichnungen, kartoniert. ●

Der Verseschmied
Kleiner Leitfaden für Hobbydichter.
(**0597**-0) Von T. Parisius, 96 Seiten, 28 Zeichnungen, kartoniert. ●

Mach' dir einen Reim
Der moderne Verseschmied
(**1433**-3) Von G. Rudorf, 192 S., Pappband. ●●

Die schönsten Volkslieder
(**0432**-X) Hrsg. D. Walther, 128 S., mit Noten und Zeichnungen, kartoniert. ●

Alte und neue
Wanderlieder
(**1268**-3) Von P. G. Walter, 96 S., zweifarbig, kartoniert. ●●

Neue Glückwunschfibel
für groß und klein.
(**0156**-8) Von R. Christian-Hildebrandt, 96 S., 13 Vignetten, kartoniert. ●

Großes Buch der Glückwünsche
(**0255**-6) Hrsg. von O. Fuhrmann, 176 S., 77 Zeichnungen und viele Gestaltungsvorschläge, kartoniert. ●●

Wetter und Wind ändern sich geschwind
Beliebte Bauernregeln
(**1267**-5) Von G. Haddenbach, ca. 80 Seiten, ca. 30 zweifarbige Illustrationen, kart. ●

Beliebte Verse fürs Poesiealbum
Rosen, Tulpen, Nelken …
(**0431**-1) Von W. Pröve, 96 Seiten, 11 Faksimile-Abbildungen, kartoniert. ●

Verse fürs Poesiealbum
(**0241**-6) Von I. Wolter, 120 Seiten, 20 Abbildungen, kartoniert. ●

Heiter und besinnliche
Verse fürs Poesiealbum
(**1069**-9) Von B. H. Bull, 160 Seiten, 70 zweifarbige Illustrationen, Pappband. ●●

Klassische Verse und Zitate
Für Glückwünsche, Briefe, Reden und Poesiealben
(**1223**-3) Von P. Motzan, 224 Seiten, 40 Abbildungen, Pappband. ●●

Die Kunst der freien Rede
Ein Intensivkurs mit vielen Übungen, Beispielen und Lösungen.
(**4189**-6) Von G. Hirsch, 232 Seiten, 11 Zeichnungen, Pappband. ●●●

Trinksprüche, Gästebuchverse, Richtsprüche
(**0224**-6) Von D. Kellermann, 96 Seiten, kartoniert. ●

Glückwünsche, Toasts und Festreden zu Polterabend und Hochzeit
(**0264**-5) Von I. Wolter, 112 Seiten, 18 Zeichnungen, kartoniert. ●

Trinksprüche und Festreden
(**1321**-3) Von L. Metzner, 144 S., 13 zweifarbige Zeichnungen, Pappband. ●●

Grußworte
für Gemeindefeiern, Vereinsjubiläen und andere offizielle Anlässe
(**4741**-X) Von M. Adam, 192 S., Pappbd. ●●

Moderne Reden und Ansprachen
(**4742**-8) Von M. Adam, 464 Seiten, Pappband. ●●●●

Reden zu Familienfesten
(**0675**-6) Von G. Georg, 112 S., kartoniert. ●

Reden im Verein
Musteransprachen für viele Gelegenheiten
(**0703**-5) Von G. Georg, 112 S., kartoniert. ●

Reden zum Jubiläum
Musteransprachen für viele Gelegenheiten
(**0595**-4) Von G. Georg, 112 S., kartoniert. ●

Reden und Sprüche zu Grundsteinlegung, Richtfest und Einzug
(**0598**-0) Von A. Bruder, G. Georg, 96 Seiten, kartoniert. ●

Die überzeugende Rede
Mehr Erfolg durch bessere Rhetorik
(**0076**-6) Von K. Wolter, G. Kunz, 96 Seiten, kartoniert. ●

Moderne Korrespondenz
Handbuch für erfolgreiche Briefe
(**4014**-8) Von H. Kirst und W. Manekeller, 544 Seiten, Pappband. ●●●●

Musterbriefe
für alle Gelegenheiten.
(**0231**-9) Hrsg. von O. Fuhrmann, 240 Seiten, kartoniert. ●●

Der moderne Brief
Geschäfts- und Privatkorrespondenz empfängerorientiert schreiben
(**1440**-6) Von Dr. G. Reinert-Schneider, 112 S., 44 s/w-Zeichn., kartoniert. ●●

Geschäftsbriefe
zeitgemäß und stilsicher
(**1323**-X) Von G. Briese-Neumann, 152 S., kartoniert. ●●

Geschäftliche Briefe
für Privatleute, Handwerker und Kaufleute
(**0041**-3) Von G. Briese-Neumann, ca. 120 S., kartoniert. ●

Einladungen texten und gestalten
(**1484**-8) Von R. Zey und A. Bellingen, ca. 80 S., kartoniert. ●

Privatbriefe
Muster für alle Gelegenheiten.
(**0114**-2) Von I. Wolter-Rosendorf, 112 S., kart. ●

Erfolgstips für den Schriftverkehr
Briefgestaltung · Rechtschreibung · Zeichensetzung · Stil. (**0678**-0) Von U. Schoenwald, 112 Seiten, kartoniert. ●

Behördenkorrespondenz
Musterbriefe · Anträge · Einsprüche
(**0412**-5) Von E. Ruge, 112 S., kartoniert. ●

Worte und Briefe der Anteilnahme
(**0464**-8) Von E. Ruge, M. Adam, 88 Seiten, mit vielen Abbildungen, kartoniert. ●

Briefe zu Geburt und Taufe
Glückwünsche und Danksagungen. (**0802**-3) Von H. Beitz, 96 S., 12 Zeichnungen, kart. ●

FALKEN Rechtsberater
Fallbeispiele · Musterbriefe · Gerichtsurteile
(**4734**-7) Hrsg. S. von Hasseln, 756 Seiten, Pappband. ●●●●

Alles, was man über Erziehungsgeld, Mutterschutz, Erziehungsurlaub wissen muß
Das neue Recht für Eltern
(**0835**-X) Von K. Möcks, A. Schmitt, 144 S., kartoniert. ●●

Alles, was man über die nichteheliche Lebensgemeinschaft wissen muß
(**1071**-0) Von T. Drewes, 104 Seiten, 8 s/w-Zeichnungen, kartoniert. ●●

Scheidung und Unterhalt
nach dem neuen Eherecht.
(**0403**-6) Von T. Drewes, 112 S., mit Kosten und Unterhaltstabellen, kartoniert. ●●

Alles, was man über
Eheverträge
wissen muß
(**1483**-X) Von T. Münster, 128 Seiten, kartoniert. ●●

Alles, was man über Scheidung und Unterhalt wissen muß
(**1264**-0) Von T. Drewes, 128 Seiten, kartoniert. ●●

Alles, was man über Renten wissen muß
Mit Rentenreformgesetz 1992
(**1265**-9) Von K. Möcks, A. Schmitt, 112 Seiten, kartoniert. ●●

Rasthaus-Ratgeber
Kinder haben keine Bremse
Verkehrserziehung für Kinder ab 3 Jahren
(**1497**-X) Von H.-D. Barth, 80 S, durchgehend vierfarbig, kartoniert. ●●

Rasthaus-Ratgeber
Stop dem Autoklau
Die wirksamsten Methoden gegen Autodiebstahl
(**1485**-6) Von M. Maurer, 64 Seiten, durchgehend vierfarbig, kartoniert. ●●

Rasthaus-Ratgeber
Gebrauchtwagenkauf
Auswahl · Bewertung · Kaufvertrag
(**1498**-8) Von U. Traub, 80 Seiten, durchgehend vierfarbig, kartoniert. ●●

Wolfgang Büsers Erfolgstips
Rentenreform '92
(**1244**-6) Von W. Büser, 80 S., kartoniert. ●

Wolfgang Büsers Erfolgstips
Teilzeitarbeit
(**1266**-7) Von W. Büser, 80 S., kartoniert. ●●

Wolfgang Büsers Erfolgstips
(Lohn-) Einkommensteuer '92
Aktuell: Zinssteuer '93
(**1324**-8) Von W. Büser, 176 S., kartoniert. ●●

Vermögensbildung mit System
Anlageformen · Strategien · Praxistips
(**1445**-7) Von W. Schwanfelder, 160 Seiten, kartoniert. ●●

Alles, was man über BAföG wissen muß
(**1387**-6) Von A. Mengeringhausen, 144 Seiten, kartoniert. ●●

Testament und Erbschaft
Erbfolge, Rechte und Pflichten der Erben, Erbschafts- und Schenkungssteuer, Mustertestamente. (**4139**-X) Von T. Drewes, R. Hollender, 304 Seiten, Pappband. ●●●

Erbrecht und Testament
(**0046**-4) Von H. Wandrey, 124 S., kart. ●

Alles, was man über Testament und Erbschaft wissen muß
(**0939**-9) Von T. Drewes, 136 Seiten, 9 s/w-Zeichnungen, kartoniert. ●●

Mietrecht
Leitfaden für Mieter und Vermieter
(**0479**-6) Von J. Beuthner, 196 S., kart. ●●

Haushaltstips
praktisch und umweltfreundlich
(**1046**-X) Von K. Winkell, 96 Seiten, 36 Zeichnungen, kartoniert. ●

Texte für den Anrufbeantworter
(**1389**-2) Von G. Kunz, 80 S., 12 s/w-Zeichnungen, kartoniert. ●

Alles, was man über den Umgang mit Behörden wissen muß
(**1390**-6) Von K. Möcks, A. Schmitt, 132 Seiten, kartoniert. ●●

Wege zum Börsenerfolg
Aktien · Anleihen · Optionen
(**4275**-2) Von H. Krause, 252 S., 4 s/w-Fotos, 86 Zeichnungen, Pappband. ●●●●

Wörter und Unwörter
Sinniges und Unsinniges der deutschen Gegenwartssprache
(**1401**-7) Hrsg. Gesellschaft für deutsche Sprache, 176 Seiten, kartoniert. ●●●

Richtige Groß- und Kleinschreibung
durch neue, vereinfachte Regeln. Erläuterungen der Zweifelsfragen anhand vieler Beispiele.
(**0897**-X) Von Prof. Dr. Ch. Stetter, 96 Seiten, kartoniert. ●

Gutes Deutsch schreiben und sprechen
(**4432**-1) Von W. Manekeller, Dr. G. Reinert-Schneider, 416 S., durchgehend zweifarbig, Pappband. ●●●●

Mehr Erfolg in der Schule
Deutsche Rechtschreibung und Grammatik
Übungen und Beispiele für die Klassen 5–10.
(**4407**-0) Von K. Schreiner, 256 S., durchgehend zweifarbig, Pappband. ●●●●

Diktate besser schreiben
Übungen zur Rechtschreibung für die Klassen 4 bis 8
(**0469**-9) Von K. Schreiner, 152 S., 31 Zeichnungen, kartoniert. ●●

Deutsche Grammatik
Ein Lern- und Übungsbuch
(**0704**-3) Von K. Schreiner, 122 S., kart. ●●

Aufsätze besser schreiben
Förderkurs für die Klassen 4–10
(**0429**-X) Von K. Schreiner, 144 Seiten, 31 Abb., kartoniert. ●●

Mehr Erfolg in der Schule
Der Deutschaufsatz
Übungen und Beispiele für die Klassen 5–10.
(**4271**-X) Von K. Schreiner, 240 S., 4 s/w-Fotos, 51 Zeichnungen, Pappband. ●●●●

Mehr Erfolg in der Schule
Deutsch
Textinterpretation, Literaturgeschichte und Stilkunde
(**4483**-6) Von K. Schreiner, 272 S., 43 zweifarbige Zeichnungen, Pappband. ●●●●

Gedächtnistraining mit Eselsbrücken
(**1388**-4) Von W. Ettig, 96 S., 36 s/w-Zeichnungen, kartoniert. ●

Geschichte
Von der Französischen Revolution bis zur Gegenwart
(**4723**-1) Von K. Schreiner, 256 S., 50 s/w-Fotos, 10 Farbzeichnungen, 6 zweifarbige Landkarten, Pappband. ●●●●

Geographie
Natürliche Grundlagen · Gestaltung der Umwelt · Die Staaten der Erde
(**4724**-X) Von V. Disch, 256 S., ca. 40 Karten und Grafiken, Pappband. ●●●●

Mehr Erfolg in der Schule
Mathematik 1
Arithmetik und Algebra. Übungen, Beispiele und Lösungen für die Klassen 5 bis 10.
(**4420**-8) Von R. Müller-Fonfara, 256 Seiten, 193 Zeichn., 2 s/w-Fotos, Pappband. ●●●●

Mehr Erfolg in der Schule
Mathematik 2
Geometrie, Statistik, Wahrscheinlichkeitsrechnung und kaufmännisches Rechnen
(**4456**-9) Von R. Müller-Fonfara, W. Scholl, 256 Seiten, 6 s/w-Fotos, 304 Zeichnungen, Pappband. ●●●●

Mathematische Formeln für Schule und Beruf
Mit Beispielen und Erklärungen.
(**0499**-0) Von R. Müller-Fonfara, 156 Seiten, 210 Zeichnungen, kartoniert. ●●

Schülerlexikon der Mathematik
Formeln, Übungen und Begriffserklärungen für die Klassen 5–10
(**0430**-3) Von R. Müller-Fonfara, 176 Seiten, 96 Zeichnungen, kartoniert. ●●

Mehr Erfolg in der Schule
Mathematik 3
Analysis, analytische Geometrie und lineare Algebra
(**4541**-7) Von R. Müller-Fonfara, W. Scholl, 240 Seiten, 140 zweifarbige Grafiken, Pappband. ●●●●

Mehr Erfolg in der Schule
Mathematik 4
Für die Klassen 11 bis 13
(**4701**-0) Von R. Müller-Fonfara, W. Scholl, 240 Seiten, 91 Zeichnungen, 3 s/w-Fotos, Pappband. ●●●●

Mathematik-Textaufgaben leicht gelöst
Aufgaben · Lösungsstrategien · Anwendungsbeispiele
(**1022**-2) Von R. Müller-Fonfara, 128 Seiten, 4 Zeichnungen, kartoniert. ●●

Rechnen aufgefrischt für Schule und Beruf.
(**0100**-2) Von H. Rausch, 144 S., kartoniert. ●

Besseres Englisch
Grammatik und Übungen für die Klassen 5 bis 10.
(**0745**-0) Von E. Henrichs, 144 S., kart. ●●

Mehr Erfolg in der Schule
Englisch
Textinterpretationen
(**4518**-2) Von E. Heinrichs-Kleinen, 256 S., Pappband. ●●●●

Mehr Erfolg in der Schule
Englische Grammatik
Regeln und Übungen für die Klassen 5 bis 13
(**4431**-3) Von E. Henrichs-Kleinen, 256 S., durchgehend zweifarbig, Pappband. ●●●●

Besseres Französisch
Grammatik und Übungen für die Klassen 9 bis 11
(**1039**-7) Von R. Lübke, 114 S., durchgehend zweifarbig, kartoniert. ●●

Mehr Erfolg in der Schule
Französische Grammatik
Für die Klassen 7 bis 13
(**4703**-7) Von R. Lübke, ca. 256 S., durchgehend zweifarbig, Pappband. ●●●●

Schnell und sicher zum Führerschein
Tips und Tricks aus 30jähriger-Fahrlehrer-Praxis.
(**1232**-2) Von O. Einert, 152 S., 156 Farbfotos, 161 z.T. farb. Zeichnungen, kartoniert. ●●

Die aktuellen Prüfungsfragen und Prüfungsbogen für den Führerschein Klasse 3
(**1490**-2) 104 Seiten, 371 Farbfotos, kart. ●●

Der Test-Knacker bei Führerscheinverlust
(**1262**-4) Von T. Rieh, 128 S., kartoniert. ●●

Erfolgreiche Bewerbung um einen Ausbildungsplatz
(**0715**-9) Von H. Friedrich, 128 S., kartoniert. ●

Bewerbungsstrategien
Erfolgreiche Konzepte für Karrierebewußte
(**1027**-3) Von Dr. W. Reichel, 128 S., kart. ●●

Karriereplanung mit System
Bewerbungsstrategien für Frauen
(**4455**-0) Von R. Ibelgaufts, 144 Seiten, 20 Cartoons, Pappband. ●●

Die Bewerbung
Der moderne Ratgeber für Bewerbungsbriefe, Lebenslauf und Vorstellungsgespräche.
(**4138**-1) Von W. Manekeller, 264 Seiten, Pappband. ●●●

Die erfolgreiche Bewerbung
Bewerbung und Vorstellung
(**0173**-8) Von W. Manekeller, U. Schoenwald, 144 Seiten, kartoniert. ●●

Lebenslauf und Bewerbung
Beispiele für Inhalt, Form und Aufbau
(**0428**-1) Von H. Friedrich, 112 S., kartoniert. ●

Bewerbungsbriefe und Stellengesuche
Für handwerkliche, gewerblich-technische und kaufmännische Berufe
(**0138**-X) Von Dr. W. Reichert, 96 S., kart. ●

Das überzeugende
Vorstellungsgespräch
Erfolgreiche Strategien für den ersten Eindruck
(**1261**-6) Von R. Ibelgaufts, 144 S., kart. ●●

Vorstellungsgespräche
sicher und erfolgreich führen.
(**0636**-5) Von H. Friedrich, 144 Seiten, kart. ●

Einstellungstests und andere Methoden der Bewerberauswahl
(**1263**-2) Von Dr. R. Hilke, H. Hustedt, 160 S., 27 Zeichnungen, kartoniert. ●●

Keine Angst vor Einstellungstests
Ein Ratgeber für Bewerber.
(**0793**-6) Von Ch. Titze, 120 Seiten, 67 Zeichnungen, kartoniert. ●

Assessment Center
Erfolgstips und Übungen für Bewerber
(**1385**-X) Von H. Beitz und A. Loch, ca. 128 S., kartoniert. ●●

Berufsstart für Hochschulabsolventen
Erfolgsstrategien für Bewerbung und Vorstellung
(**1482**-1) Von Dr. W. Reichel, ca. 144 S., kart. ●●

freundin Ratgeber
Psychoterror am Arbeitsplatz
Mobbing
(**1434**-1) Von B. Huber, 160 S., kartoniert. ●●

freundin Ratgeber
Frau mit Kind
Leitfaden für Alleinerziehende
(**1476**-7) Von G. Teusen, ca. 144 S., kart. ●●

freundin
Kind und Beruf:
(K)ein Problem
(**1322**-1) Von I. Weber, 168 Seiten, 14 Zeichnungen, kartoniert. ●●

freundin Ratgeber
Neu im Job:
So überzeugen Sie
(**1259**-4) Von G. Teusen, 160 S., kart. ●●

Die ersten Tage am neuen Arbeitsplatz
Ratschläge für den richtigen Umgang mit Kollegen und Vorgesetzten
(**0855**-4) Von H. Friedrich, 104 Seiten, kart. ●

Zeugnisse im Beruf
richtig schreiben, richtig verstehen
(**0544**-X) Von H. Friedrich, 112 Seiten, kart. ●

Arbeitszeugnisse
verstehen und interpretieren
(**1444**-9) Von A. Nasemann, 136 S., kart. ●●

So lernt man leicht und schnell
Maschinenschreiben
Lehrbuch für Schulen, Lehrgänge und Selbstunterricht. (**0568**-7) Von M. Kempkes, 112 S., 48 Zeichnungen, kartoniert. ●●

FALKEN-Software
Maschinenschreiben und Tastaturtraining für Computer
(**7009**-8) Von B. Hoppius, Diskette 5 1/4″ u. 3 1/2″ für IBM-PC + Kompatible, mit Begleitheft. ●●●●●*

Leicht und schnell gelernt
Maschinenschreiben im Selbstunterricht
(**0170**-3) Von O. Fonfara, 88 S., kartoniert. ●

Buchführung leicht gemacht
Ein methodischer Grundkurs für den Selbstunterricht (**4238**-8) Von D. Machenheimer, R. Kersten, 252 Seiten, Pappband. ●●●●

Buchführung leicht gefaßt
Für Handwerker, Gewerbetreibende und freiberuflich Tätige.
(**0127**-4) Von R. Pohl, 104 S., kartoniert. ●

Stenografie leicht gelernt
im Kurus oder Selbstunterricht
(**0266**-1) Von H. Kaus, 64 S., kartoniert. ●

Gitarre spielen
Ein Grundkurs für den Selbstunterricht
(**0534**-2) Von A. Roßmann, 96 S., 1 Schallfolie, 150 Zeichnungen, kartoniert. ●●●

FALKEN & HOHNER: Workshop Musik
Gitarre spielen
Folk, Blues, Pop, Rock auf der akustischen Gitarre
Für Anfänger und Wiedereinsteiger
(**1437**-6) Von W. Ruß, ca. 80 S., Begleit-CD ca. 60 Min. Spieldauer, zahlreiche Illustrationen und Fotos, kartoniert. ●●●●

FALKEN & HOHNER: Workshop Musik
Keyboard spielen
Pop & Rock
Für Anfänger und Wiedereinsteiger
(**1435**-X) Von M. Lonardoni, ca. 80 Seiten, Begleit-CD, ca. 60 Min. Spieldauer, zahlreiche Illustrationen und Fotos, kartoniert. ●●●●

FALKEN & HOHNER: Workshop Musik
Singen
In Chor, Singgruppe und solo
Für Anfänger und Wiedereinsteiger
(**1436**-8) Von W. Layer, ca. 80 S., Begleit-CD ca. 60 Min. Spieldauer, zahlreiche Illustrationen und Fotos, kartoniert. ●●●●

Faszinierendes Erlebnis
Tierwelt
(**4706**-1) Von U. und W. Dolder, 196 Seiten, 314 Farbzeichnungen, Pappband. ●●●●

Das große Buch der
Antworten auf Kinderfragen
(**4477**-1) Von H. Hofmann, U. Kopp, G. Jankovics u.a., 192 Seiten, 308 Farbzeichnungen, Pappband. ●●●

FALKEN LEXIKON
Das Wissen unserer Zeit
(**4736**-3) Hrsg. Lexikographisches Institut, 1008 Seiten, 681 Farbfotos, 1142 Farbzeichn., Pappband. ●●●●

Das neue, farbige
Jugendlexikon
(**4472**-0) Von J. Frey, D. Rex, 304 Seiten, 269 und 52 s/w-Fotos, 6 Farbzeichnungen, Pappband. ●●●●

Das große farbige Kinderlexikon
(**4195**-0) Von U. Kopp, 320 S., 493 Farbabbildungen, 17 s/w-Fotos, Pappband. ●●●●

Kinder-Überraschung
(**1499**-6) Von M. Semmel, ca. 80 Seiten, durchgehend vierfarbig, kartoniert. ●●

Briefmarken sammeln
(**0481**-8) Von D. Stein, 120 S., 4 Farbtafeln, 98 s/w-Abbildungen, kartoniert. ●

Telefonkartenlexikon für Sammler
(**1406**-6) Von M. Burzan, ca. 160 Seiten, zahlreiche Farbabbildungen, kartoniert. ●●●

Telefonkarten sammeln
Serien · Preise · Sammeltips
(**1326**-4) Von M. Burzan, 128 S., 251 Farbfotos, kartoniert. ●●

Die Handschrift als Spiegel des Charakters
Graphologie
(**1025**-7) Von Dr. W. Busch, 104 S., 87 Schriftproben, kartoniert. ●

Familienforschung · Ahnentafel · Wappenkunde
Wege zur eigenen Familienchronik
(**0744**-2) Von P. Bahn, 128 S., 8 Farbtafeln, 30 Abbildungen, kartoniert. ●●

Familienforschung und Wappenkunde
(**4485**-2) Von P. Bahn, 224 S., 114 zweifarbige Abbildungen, Pappband. ●●●●●

freundin Ratgeber
Frauen allein auf Reisen
(**1260**-8) Von H. Guilino, 192 S., 7 Zeichnungen, kartoniert. ●●

Brain Building
Das Supertraining für Gedächtnis, Logik, Kreativität
(**4704**-5) Von M. vos Savant, 256 Seiten, Pappband. ●●●

Traumdeutung
Die Bildersprache unserer Traumwelt entschlüsseln
(**4486**-0) Von G. Fink, 384 Seiten, 74 zweifarbige Fotos, Pappband. ●●●●

Kinderträume
Ein Ratgeber für Eltern
(**4505**-0) Von G. Fink, 176 S., 6 s/w-Zeichnungen, Pappband. ●●●

Wahrsagen
mit den Karten der Madame Lenormand
(**1328**-0) Von B. A. Mertz, 108 Seiten, 39 s/w-Abbildungen, kartoniert. ●●

Die 12 Tierzeichen
Chinesisches Horoskop
(**0423**-0) Von G. Haddenbach, 88 Seiten, kartoniert. ●

Partnerschaftshoroskop
Glück und Harmonie mit Ihrem Traumpartner.
(**0587**-3) Von G. Haddenbach, 112 Seiten, 11 Zeichnungen, kartoniert. ●

Im Zeichen der Sterne
(**0951**-8) Der feurige Widder
(**0952**-6) Der willensstarke Stier
(**0953**-4) Die vielseitigen Zwillinge
(**0954**-2) Der feinfühlige Krebs
(**0955**-0) Der königliche Löwe
(**0956**-9) Die zuverlässige Jungfrau
(**0957**-7) Die charmante Waage
(**0958**-5) Der leidenschaftliche Skorpion
(**0959**-3) Der temperamentvolle Schütze
(**0960**-7) Der treue Steinbock
(**0961**-5) Der selbstbewußte Wassermann
(**0962**-3) Die romantischen Fische
Von G. Haddenbach, 64 Seiten, 35 Farbfotos, Pappband. ●

Das neue FALKEN
Computerlexikon
(**4356**-2) Von Dr. B. Kopp, 336 S., 121 s/w-Fotos, 184 Computergrafiken, Pappbd. ●●●●

Computer-Grundwissen
Eine Einführung in Funktion und Einsatzmöglichkeiten
(**4359**-7) Von Chr. T. Wolff, 176 S., 182 Farbfotos, kartoniert.●●●●
(**4358**-9) Pappband.●●●●

Der PC
(**4732**-0) Von U. u. H. Freund, 336 Seiten, 386 Farbfotos, Pappband. ●●●●●

freundin
Das Computerbuch für Frauen
(**4372**-4) Von M. Thiel, 176 S., 102 Farbfotos, 73 Zeichnungen, Pappband. ●●●●

Desktop Publishing: Typografie und Layout Seiten gestalten am PC · für Einsteiger und Profis
(**4330**-9) Von Dr. H. D. Baumann, M. Klein, 320 S., zahlreiche zweifarbige Abbildungen, Pappband. ●●●●●

PC HELP!
Wissenschaftliche Texte mit Word 5.5
(**4360**-0) Von P. Vogel, 80 S., 34 zweifarbige Screenshots, kartoniert. ●●

PC HELP!
Praktische Computernutzung mit Works 2.0
(**4369**-4) Von A. Görgens, 72 Seiten, 64 zweifarbige Screenshots, kartoniert. ●●

PC HELP!
DFÜ mit dem PC
(**4370**-8) Von M. Hofmann, 88 Seiten, 41 zweifarbige Screenshots, kartoniert. ●●

PC HELP!
Zeichnen mit dem PC
(**4361**-9) Von M. Hofmann, 88 S., 57 zweifarbige Screenshots, kartoniert. ●●

PC HELP!
Präsentation mit dem PC
(**4368**-6) Von M. Hofmann, 96 S., 47 zweifarbige screenshots, kartoniert. ●●

PC HELP!
CONFIG. SYS. und AUTOEXEC. BAT
Optimale Systemkonfiguration
(**4338**-4) Von A. Görgens, 64 S., ca. 50 s/w-Abbildungen und Grafiken, kartoniert. ●●

PC HELP!
DOS-Kommandos richtig nutzen
(**4339**-2) Von A. Görgens, 64 S., ca. 50 s/w-Abbildungen und Grafiken, kartoniert. ●●

PC HELP!
Die ersten Schritte mit dem PC
(**4344**-9) Von P. Vogel, H. Ebsen, 64 S., ca. 50 s/w-Abb. und Grafiken, kartoniert. ●●

PC HELP!
Mehr Speicher unter DOS nutzen
(**4345**-7) Von K. O. Kuhl, 64 S., ca. 50 s/w-Abbildungen und Grafiken, kartoniert. ●●

PC HELP!
Viren erkennen und beseitigen
(**4346**-5) Von M. Hofmann, 64 S., ca. 50 s/w-Abbildungen und Grafiken, kartoniert. ●●

DTP-Lexikon für die Praxis
(**4373**-2) 136 S., 55 s/w-Fotos, kart. ●●●

Gestalten mit Pagemaker für Windows
(**4375**-9) Von M. Hofmann, R. Titius, 116 S., 53 zweifbg. screenshots, kartoniert. ●●

Präsentationsprogramme richtig nutzen
(**4376**-7) Von M. Hofmann, 96 S., 60 zweifarbige screenshots, kartoniert. ●●

Datenaustausch 1
(**4378**-3) Von M. Hofmann, 104 Seiten, 63 zweifarbig. screenshots, kartoniert. ●●

Datenaustausch 2
(**4379**-1) Von M. Hofmann, 96 S., 34 zweifarbige screenshots, kartoniert. ●●

Update
MS-DOS 6.0
Beilage: Kurzreferenz
(**4385**-6) Von M. Hofmann, 136 S., 55 s/w-Fotos, kartoniert. ●●●

PC-Pannen selbst beheben
Hardware · Software
(**4383**-X) Von M. Hofmann, 144 S., kart. ●●●

Windows für Workgroups
(**4381**-3) Von P. Vogel, 80 S., 40 Screenshots, kartoniert. ●●

Essen und Trinken

Rezepte für 1 Person
(**1294**-2) Hrsg. M. Sauerborn, 64 S., 75 Farbfotos, kartoniert. ●

Schnell und individuell
Die raffinierte Single-Küche
(**4266**-3) Von F. Faist, 160 S., 151 Farbfotos, Pappband. ●●●●

Frischer Fang aus Fluß und Meer
Fisch
(**0964**-X) Von L. Grieser, 48 S., 52 Farbfotos, Pappband. ●●

Fischgerichte
(**1448**-1) Hrsg.: S. Koch, 64 S., ca. 50 Farbfotos, kartoniert. ●

Zart und edel
Lachs
(**1403**-1) Von H. Imhof, 64 S., 49 Farbfotos, Pappband. ●●

Geflügelgerichte
(**1348**-5) Hrsg. E. Meyer zu Stieghorst, 64 S., 71 Farbfotos, kartoniert. ●

Gaumenfreuden Tag für Tag
Pfannengerichte
(**1007**-9) Von S. Fabke, 64 S., 54 Farbfotos, Pappband. ●●

Köstliches für Genießer
Fleischgerichte
(**4699**-5) Von F. Stein, 144 S., ca. 100 Farbfotos, gebunden. ●●●

Schnitzel, Steaks & Co.
(**1417**-1) Von N. Frank, 64 Seiten, 68 Farbfotos, kartoniert. ●

Köstliches aus dem Tontopf
(**1332**-9) Hrsg. S. Kieslich, 64 Seiten, 55 Farbfotos, kartoniert. ●

Suppen und Eintöpfe
(**1449**-X) Hrsg.: S. Koch, 64 S., ca. 50 Farbfotos, kartoniert. ●

Aus eigener Küche
Gute Wurst
(**0948**-8) Von J. Bessel, G. Quaas, 80 Seiten, 8 Farbtafeln, kartoniert. ●

Aus lauter Lust und Liebe
Knoblauch
(**0867**-8) Von L. Reinirkens, 64 S., 45 Farbfotos, Pappband. ●●

Bintje, Irmgard und Sieglinde
Kartoffeln
(**1032**-X) Von S. Fabke, 64 S., 43 Farb- und 1 s/w-Foto, Pappband. ●

Kartoffelgerichte
(**1297**-7) Hrsg. I. Feldhaus, 64 S., 64 Farbfotos, kartoniert. ●

Nudelgerichte
(**1293**-4) Hrsg. E. Fuhrmann, 64 S., 66 Farbfotos, kartoniert. ●

Pasta in Höchstform
Nudeln
(**0884**-8) Von M. Kirsch, 64 S., 62 Farbfotos, Pappband. ●●

Spezialitäten unter knuspriger Decke
Aufläufe
(**0882**-1) Von C. Adam, 48 S., 33 Farbfotos, Pappband. ●●

Aufläufe
(**1295**-0) Hrsg. E. Fuhrmann, 64 S., 62 Farbfotos, kartoniert. ●

Die Krönung der feinen Küche
Saucen
(**0817**-1) Von G. Cavestri, 48 S., 40 Farbfotos, Pappband. ●●

Gemüsegerichte
(**1347**-7) Hrsg. E. Fuhrmann, 64 S., 58 Farbfotos, kartoniert. ●

Gemüseaufläufe
(**1365**-5) Hrsg. E. Fuhrmann, 64 S., 58 Farbfotos, kartoniert. ●

Die schönsten Rezepte für
Frühstück und Brunch
(**1063**-X) Von K. Kruse-Schorling, 80 Seiten, 8 Farbtafeln, kartoniert. ●

Schnelle Küche
Für 2 Personen
(**4718**-5) freundin-Kochstudio, 80 Seiten, 105 Farbf., Pappband. ●●

Kochen auf der richtigen Welle im
Grill-Mikrowellengerät
(**1395**-7) Von T. Peters, 96 S., 79 Farbfotos, kartoniert. ●●

Fritieren
(**1350**-7) Hrsg. I. Teitge, 64 S., 62 Farbf., kart. ●

Schnell auf den Tisch gezaubert
Kochen mit Mikrowellen
(**0818**-X) Von A. Danner, 64 S., 52 Farbfotos, Pappband. ●

Italienische Vorspeisen **Antipasti**
(**1006**-0) Von S. Reiter-Westphal, 64 Seiten, 47 Farbfotos, Pappband. ●●

Mexikanische Küche
(**1439**-2) Von C. Zingerling, 64 S., ca. 50 Farbfotos, kartoniert. ●

Italienische Küche
(**1299**-3) Hrsg. E. Fuhrmann, 64 S., 65 Farbfotos, kartoniert. ●

Schlemmerreise durch die
Italienische Küche
(**4172**-1) Von V. Pifferi, 160 S., 109 Farbfotos, Pappband. ●●●●

Spaghetti, Tagliatelle + Co.
Pasta all'Italiana
(**1004**-4) Von I. Seyric, 64 S., 57 Farbfotos, Pappband. ●●

Pizza
(**1352**-3) Hrsg. M. Sauerborn, 64 S., 72 Farbfotos, kartoniert. ●

Tradition mit Charme
Wiener Spezialitäten
(**1343**-4) Von G. Scolik, 64 S., 46 Farbfotos, Pappband. ●●

Schlemmerreise durch die
Französische Küche
(**4296**-5) Von H. Imhof, 160 S., 147 Farbfotos, 3 s/w-Fotos, Pappband. ●●●●

Schlemmerreise durch die
Spanische Küche
(**4500**-X) Von A. Puente, 160 S., ca. 120 Farbfotos, Pappband. ●●●●

Vom Bosporus zum Ararat
Türkische Spezialitäten
(**1191**-1) Von S. Dogan, 64 S., 44 Farbfotos, Pappband.●●

Indische Küche
(**1404**-X) Von C. Zingerling, 64 S., 64 Farbfotos, kartoniert. ●

Schlemmerreise durch die
Thailändische Küche
(**4722**-3) Von C. Zingerling, 144 Seiten, 164 Farbfotos, Pappband. ●●●●

Köstlich fernöstlich
Asiatische Spezialitäten
(**1286**-1) Von M. Carroll, E. Mognol, 64 S., 49 Farbfotos, Pappband. ●●

Chinesische Küche
(**1289**-6) Hrsg. M. Sauerborn, 64 S., 73 Farbfotos, kartoniert. ●

Schlemmerreise durch die
Chinesische Küche
(**4184**-5) Von K. H. Jen, 160 S., 117 Farbfotos, Pappband. ●●●

Gerichte aus dem
Wok
(**1291**-8) Hrsg. M. Sauerborn, 64 S., 76 Farbfotos, kartoniert. ●

Mit Lust und Liebe **Chinesisch Kochen**
(**4441**-0) Von Ho Fu-Lung, Uli Franz, 176 Seiten, 189 Farbfotos, 29 Zeichnungen, Pappband. ●●●●

Fernöstliche Küche
(**1384**-1) Hrsg. R. Faller, 64 S., 73 Farbfotos, kartoniert. ●

Rezepte für Tisch- und Gartengrill
(**1351**-3) Hrsg. V. Müller, 64 S., 59 Farbfotos, kartoniert.●

Braten auf dem heißen Stein
(**1300**-0) Hrsg. R. Donhauser, 64 S., 56 Farbfotos, kartoniert. ●

Rezepte rund um Raclette und Doppeldecker
(**0420**-6) Von J.W. Hochscheid, 72 S., 8 Farbtafeln, kartoniert. ●

Schlemmen in geselliger Runde
Fleischfondues
(**0966**-6) Von M. Spötter, 64 S., 62 Farbfotos, Pappband. ●●

Fondues und Raclettes
(**4253**-1) Von F. Faist, 160 S., 125 Farbfotos, Pappband. ●●●●

Fondues
(**1298**-5) Hrsg. E. Meyer zu Stieghorst, 64 S., 69 Farbfotos, kartoniert. ●

Rezepte fürs Raclette
(**1290**-X) Hrsg. S. Kieslich, 64 Seiten, 59 Farbfotos, kartoniert. ●

Raclette-Spezialitäten
(**0881**-3) Von F. Faist, 48 S., 33 Farbfotos, Pappband. ●

Knackige Salate
(**1441**-4) Hrsg.: S. Kieslich, 64 S., ca. 50 Farbfotos, kartoniert. ●

Gartenfrisch genießen
Feine Salate
(**4450**-X) Von P. Nikolay, 160 S., 122 Farbfotos, Pappband. ●●●●

Köstliche Salate
zum Verwöhnen
(**0222**-X) Von Chr. Schönherr, 96 S., 8 Farbtafeln, 30 Zeichnungen, kartoniert. ●

Salate
(**1346**-9) Hrsg. E. Furhmann, 64 S., 62 Farbfotos, kartoniert.●

Frisch und leicht als Hauptgericht
Schlemmersalate
(**0934**-8) Von C. Adam, 64 S., 49 Farbfotos, Pappband. ●●

Gesund und vielseitig **Alles mit Joghurt**
täglich selbstgemacht, mit vielen Rezepten
(**0382**-6) Von G. Volz, 64 S., 8 Farbtafeln, kartoniert. ●

Marmeladen, Gelees und Kompotte
(**1442**-2) Hrsg.: F. Stein, 64 S., ca. 50 Farbfotos, kartoniert. ●

Gesunde Ernährung für mein Kind
(**0776**-6) Von M. Bustorf-Hirsch, 112 Seiten, 8 Farbtafeln, 5 s/w-Zeichnungen, kartoniert. ●●

Eßschule
Gesunde Ernährung für Kinder im Grundschulalter
(**1314**-0) Von A. Roßmeier, 80 Seiten, 44 Farbfotos, 50 farbige Vignetten, Pappband. ●●

Lieblingsgerichte für Kinder
Mit Sonderteil: Gesunde Kost für Babys ab 6 Monaten
(**4497**-6) Von G. Righi-Spanfellner, 112 S., 27 Farbzeichnungen, Pappband. ●●●

Das essen Kinder gern
(**1405**-8) Hrsg. S. Faust, 64 S., 80 Farbfotos, kartoniert. ●

Mit Lust und Liebe . . .
Vollwertküche für Genießer
(**4412**-4) Von Prof. Dr. C. Leitzmann, H. Million, 256 Seiten, 329 Farbfotos, Pappband. ●●●●

Vegetarisch kochen und genießen
Alle Gerichte für 2 Personen
(**4715**-0) Von Prof. Dr. C. Leitzmann, K. Dittrich, C. u. G. Kurz, 128 S., 132 Farbfotos, Pappband. ●●●●

Das große FALKEN
Vitaminkochbuch
für Genießer
(**4714**-2) Von Prof. Dr. troph. M. Hamm, A. Roßmeier, 208 S., 224 Farbfotos, Pappband. ●●●●

Schmackhafte Vollwertkost ohne tierisches Eiweiß
(**0993**-3) Von M. Bustorf-Hirsch, 96 Seiten, 54 Farbfotos, kartoniert. ●●

Cholesterinarm kochen und genießen
(**4442**-9) Von R. Unsorg, 168 S., 132 Farbfotos, kartoniert. ●●●●

Die aktuelle **Cholesterintabelle**
(**1088**-5) Von Dr. H. Oberritter, 84 Seiten, 12 zweifarbige Grafiken, kartoniert. ●

Die aktuelle Vitamin- und Mineralstofftabelle
Mit Angaben zu den wichtigsten Vitaminen und Mineralstoffen
(**1110**-5) Von Dr. H. Oberritter, 88 Seiten, 1 zweifarbige Grafik, kartoniert. ●

Die aktuelle E-Zusatzstoff-Tabelle
Über 750 Angaben zu Herkunft, Verwendung und möglichen Nebenwirkungen
(**1233**-0) Von T. Pilgram, E.Dahl, 80 Seiten, zweifarbig, kartoniert. ●

Vollwertküche für Diabetiker
Köstlich kochen und backen für die ganze Familie
(**4473**-9) Von Prof. Dr. C. Leitzmann, Prof. Dr. H. Laube, H. Million, 168 S., 172 Farbfotos, 8 Zeichnungen, Pappband. ●●●●

Kochen und backen für Diabetiker
Gesund und schmackhaft für die ganze Familie
(**4467**-4) Von Dr. med. M. Toeller, W. Schumacher, A. Groote, Dr. troph. A. Klischan, 176 S., 182 Farbfotos, Pappband. ●●●●

Die Sojaküche
Gesund und abwechslungsreich essen
(**0553**-9) Von U. Kolster, 80 S., 8 Farbtafeln, kartoniert. ●

Gesund kochen mit Keimen und Sprossen
(**0794**-9) Von M. Bustorf-Hirsch, 96 S., 4 Farbtafeln, 13 s/w-Zeichnungen, kartoniert. ●

Waffeln
Hörnchen, Pfannkuchen und Crèpes.
(**0522**-9) Von C. Stephan, 64 S., 8 Farbtafeln, kartoniert. ●

Waffeln
(**1296**-9) Hrsg. L. Steiger, 64 S., 73 Farbfotos, kartoniert. ●

Fruchtige Pfannkuchen und Crêpes
(**1446**-5) Von S. Fabke, 64 S., ca. 50 Farbfotos, kartoniert. ●

Mehr Freude und Erfolg beim
Brotbacken
(**4148**-9) Von A. und G. Eckert, 160 Seiten, 177 Farbfotos, Pappband. ●●●●

Meine Vollkornbackstube
Brot · Kuchen · Aufläufe. (**0616**-0) Von R. Raffelt, 96 S., 4 Farbtafeln, 12 Zeichnungen, kartoniert. ●

Mit Honig, Nuß und Mandelkern
Weihnachtsplätzchen
(**1287**-X) Von H. Jaacks, 64 S., 48 Farbfotos, Pappband. ●●

Backen ohne Zucker
(**1234**-9) Von H. Erkelenz, 80 S., 8 Farbtafeln, kartoniert. ●

Süße Geheimnisse eiskalt gelüftet
Eis und Sorbets
(**0870**-8) Von H. W. Liebheit, 48 S., 38 Farbfotos, Pappband. ●●

Haltbarmachen in der Öko-Küche
Gesunde Konservierungsmethoden für Obst, Gemüse, Kräuter und Pilze. (**0923**-2) Von M. Bustorf-Hirsch, 120 S., 92 Farbabbildungen, kartoniert. ●●

Komm, koch und back mit mir
Kunterbuntes Kochvergnügen für Kinder.
(**4285**-X) Von S. und H. Theilig, illustriert von B. v. Hayek, 112 S., 45 Farbabbildungen, Pappband. ●●

Lieblingsgerichte für Kinder
Kerngesund und kunterbunt
(**4497**-6) Von G. Righi-Spanfellner, 112 Seiten, 27 Farbzeichnungen, Pappband. ●●●

Lirum, larum, Löffelstiel . . .
Kinder kochen mit Knuddel
(**1094**-X) Von U. Bültjer, 80 S., 27 zweifarbige Zeichnungen, kartoniert. ●

Backe, backe Kuchen . . .
Kinder backen mit Knuddel
(**1301**-9) Von U. Bültjer, 64 S., 34 Farbfotos, 60 Farbzeichn., kartoniert. ●

Mit Lust und Liebe
Garnieren und Verzieren
Dekoratives zu vielen Anlässen
(**4496**-8) Von M. Müller, E. Pratsch, H. Krieg, 160 Seiten, ca. 100 Farbfotos, Pappband. ●●●●

Mit Lust und Liebe **Kalte Platten & Buffets**
Anrichten und Garnieren
(**4427**-5) Von P. Grotz, 176 S., 228 Farbfotos, Pappband. ●●●●

Köstliches ganz leicht gezaubert
Raffinierte Rezepte rund um den Stabmixer
(**1453**-8) Von U. Kochendörfer, 96 Seiten, 84 Farbfotos, kartoniert. ●●

Garnieren und Verzieren
(**4236**-1) Von R. Biller, 160 S., 329 Farbfotos, 57 Zeichnungen, Pappband. ●●●●

Köstlichkeiten für Gäste und Feste
Kalte Platten
(**4200**-0) Von I. Pfliegner, 160 S., 130 Farbfotos, Pappband. ●●●●

Sandwich, Toasts & Co.
(**1331**-0) Von F. Faist, 64 Seiten, 62 Farbfotos, kartoniert. ●

Quiches, Tartes
und andere pikante Kuchen
(**1407**-4) Hrsg. I. Teitge, 64 S., 70 Farbf., kart. ●

freundin
Snacks
(**4521**-2) Von V. Müller, 80 S., 87 Farbfotos, Pappband.●●●

Kochen und backen mit Käse
(**1451**-1) Hrsg.: F. Stein, 64 S., ca. 50 Farbfotos, kartoniert. ●

Raffiniert kombiniert, schön dekoriert
Käseplatten
(**1192**-X) Von S. Carlsson, 64 S., 57 Farbfotos, Pappband.●●

FALKEN
Festival der schön gedeckten Tische
(**4738**-X) Von A. F. Endress, 204 S., 116 Farbfotos, 83 Farbzeichnungen, Pappbd. ●●●●

Der perfekt gedeckte Tisch
(**1028**-1) Von H. Tapper, 80 S., 161 Farbfotos, 13 Zeichnungen, kartoniert. ●●

Der schön gedeckte Tisch
Vom einfachen Gedeck bis zur Festtafel stimmungsvoll und perfekt arrangiert.
(**4246**-1) Von H. Tapper, 112 S., 206 Farbfotos, 21 s/w-Abbildungen, Pappband. ●●●

Servietten falten
80 Ideen für schön gedeckte Tische
(**1042**-7) Von M. Müller, O. Mikolasek, 80 S., 289 Farbfotos, 50 Zeichnungen, kart. ●●

Phantasievolle Tischdekorationen selber machen
(**0984**-4) Von Y. Thalheim, H. Nadolny, 80 S., 174 Farbfotos, 21 Zeichnungen, kart. ●●

Servietten dekorativ falten
Geschmackvolle Anregungen aus Stoff und Papier. (**0804**-X) Von H. Tapper, 32 Seiten, 134 Farbfotos, Pappband. ●

Weine und Säfte, Liköre und Sekt
selbstgemacht.
(**0702**-7) Von P. Arauner, 232 S., 76 Abb., kartoniert. ●●●

Was Weinfreunde wissen wollen
Fragen und Antworten rund um den Wein
(**1224**-1) Von Prof. Dr. K. Röder, H.-G. Dörr, ca. 224 Seiten, kartoniert. ●●

FALKEN Mixbuch
(**4733**-9) Hrsg. P. Bohrmann, 560 Seiten, 227 Farbfotos, Pappband. ●●●●

Vitamindrinks
(**1408**-2) Von H. Reith, W. Hubert, 64 Seiten, 68 Farbfotos, kartoniert. ●

Köstlich, cremig, sahnig, frisch
Mixen mit Milch
(**1151**-2) Von S. Carlsson, 64 S., 45 Farbfotos, Pappband.●

Milchmixgetränke
(**1450**-3) Von S. Carlsson, 64 S., ca. 50 Farbfotos, kartoniert. ●

Cocktails und Drinks
(**1292**-6) Hrsg. S. Kieslich, 64 S., 70 Farbfotos, kartoniert. ●

Bowlen und Punsche
(**1447**-3) Hrsg.: F. Brandl, 64 S., ca. 50 Farbfotos, kartoniert. ●

Fruchtig, spritzig, eisgekühlt
Mixen ohne Alkohol
(**0935**-6) Von S. Späth, 64 S., 44 Farbfotos, Pappband. ●●

Longdrinks
(**1345**-0) Hrsg. E. Meyer zu Stieghorst, 64 S., 79 Farbfotos, kartoniert. ●

Light Drinks
Mixen mit und ohne Alkohol
(**1222**-5) Von S. Edelberg, Heike Reith, 64 S., 48 Farbfotos, Pappband. ●●

Cocktails
(**4267**-1) Von W. R. Hoffmann, W. Hubert, U. Lottring, 160 S., 164 Farbfotos, 1 s/w-Foto, Pappband. ●●●●

Cocktails und Mixereien
für häusliche Feste und Feiern. (**0075**-8) Von J. Walker, 96 S., 4 Farbtafeln, kartoniert. ●

Das Fitmacher-Kochbuch
(**4698**-7) Von Prof. Dr. troph. M. Hamm, 112 S., ca. 100 Farbfotos, gebunden. ●●●

Schlank und gesund nach Dr. Hay
Schnelle Trennkostküche
(**4746**-0) Von H. Harper, 80 S., ca. 80 Farbfotos, kartoniert. ●●

Schlank werden nach Dr. Hay **Trennkost**
Die bewährten Vollwert-Rezepte von Ursula Summ. (**4298**-1) Von U. Summ, 96 Seiten, 54 Farbfotos, 1 Zeichnung, kartoniert. ●●

Das große Buch der Trennkost
Neue Rezepte von Ursula Summ
(**4498**-4) Von U. Summ, 144 S., ca. 100 Farbfotos, Pappband. ●●●

Gesund leben nach Dr. Hay
Cholesterinarme Trennkost
Neue Vollwert-Rezepte von Ursula Summ
(**4475**-5) Von U. Summ, 96 Seiten, 52 Farbfotos, kartoniert. ●●

Die neue Trennkost
(**4685**-5) Von U. Summ, 96 Seiten, 71 Farbfotos, kartoniert. ●●●

Das kleine 1 x 1 der Trennkost
(**1428**-7) Von S. Carlsson, 64 S., ca. 50 Farbfotos, kartoniert. ●

Schlank nach Maß
mit der Diät-Computerwaage
(**1064**-8) Von K. Alisch, 104 S., 8 Farbtafeln, kartoniert. ●

Gesundes Essen für Berufstätige
Die 4-Wochen-Vollwertkur (**1065**-6) Von M. Weber, ca. 80 S., 8 Farbtafeln, kart. ●

Garten

FALKEN Gartenjahr
(**4730**-4) Von K. Greiner, A. Weber, P. Michaeli-Achmühle, 320 Seiten, 380 Farbabbildungen, Pappband. ●●●●

Garten heute
Der moderne Ratgeber · Über 1000 Farbbilder. (**4283**-3) Von H. Jantra, 384 S., über 1000 Farbabbildungen, Pappband. ●●●●

Helmut Jantras Gartenbuch
Obst · Gemüse · Blumen
(**4522**-0) Von H. Jantra, 200 S., 395 Farbfotos, 123 Farbzeichnungen, 25 Tabellen, Pappband. ●●

1000 ganz bewährte Garten-Tips
(**4453**-4) Von H. Jantra, 320 S., 288 zweifbg. und 62 s/w-Zeichn.,, Pappband. ●●●

Obst, Gemüse, Blumen, Gras
Gärtnern macht den Kindern Spaß
(**4517**-4) Von U. Krüger, 96 S., 85 Farbfotos, 180 Farbzeichznungen, Pappband. ●●

Rosen
(**4692**-8) Von H. Steinhauer, ca. 144 S., zahlr. Farbabbildungen Pappband. ●●●●●

Rosen
Auswahl · Pflege · Gestaltung
(**1183**-0) Von H. Jantra, 120 S., 200 Farbfotos, 20 Farbzeichnungen, 8 Bepflanzungspläne, kartoniert. ●●

Bunte Pracht der Stauden
Auswahl · Pflege · Gestaltung
(**1376**-0) Von H. Jantra, 112 S., 167 Farbabbildungen, kartoniert. ●●●

Erfolgstips für den Obstgarten
Gesunde Früchte durch richtige Sortenwahl und Pflege
(**0827**-9) Von F. Mühl, 184 S., 16 Farbtafeln, 33 Zeichnungen, kartoniert. ●●

Erfolgstips für den Gemüsegarten
Mit naturgemäßem Anbau zu höherem Ertrag. (**0674**-8) Von F. Mühl, 80 Seiten, 30 s/w-Fotos, 4 Zeichnungen, kartoniert. ●●

Obstgehölze sachgemäß schneiden
(**1127**-X) Von P. G. Wilhelm, 136 Seiten, 8 s/w-Abb., 367 Zeichnungen, kart.●●

Kompost im Hausgarten
herstellen und anwenden
(**1258**-6) Von H. Abels, J. Jöstingmeier, ca. 30 zweifarbige Zeichnungen, kart. ●

Der naturgemäße Zier- und Wohngarten
Anlegen · Gestalten · Pflegen
(**0748**-5) Von I. Gabriel, 128 S., 72 Farbfotos, 46 Farbzeichnungen, kartoniert. ●●

Natürlich gärtnern unter Glas und Folie
Anbauen und ernten rund ums Jahr
(**0722**-1) Von I. Gabriel, 128 S., 62 Farbfotos, 45 Farbzeichnungen, kartoniert. ●●

Nützliche Tiere im Garten
(**1472**-4) Von I. Polaschek, ca. 112 Seiten, ca. 120 Farbf., ca. 10 Farbzeichn., kartoniert. ●●

Schneckenbekämpfung
giftfrei und naturgemäß
(**1378**-7) Von B. Meyer, Y. Thalheim, 64 S., 25 s/w-Zeichnungen, 8 Farbtafeln, kart. ●●

Dekorative Kübelpflanzen
Auswahl und Plfege
(**1074**-5) Von H. Jantra, 112 S., 180 Farbfotos, 35 Farbzeichnungen, kartoniert. ●●

Blütenpracht auf Balkon und Terrasse
(**0928**-3) Von M. Haberer, 88 S., 139 Farbfotos, kartoniert. ●●

Moderne Gartengestaltung
(**1255**-1) Von K. Greiner, A. Weber, 128 S., mit Rasterbogen und Planelementen zum Ausschneiden, ca. 120 Farbfotos, ca. 20 vierfarbige Pläne, kartoniert. ●●●

Gestaltungsideen für
Schöne Gärten
(**4482**-8) Von H. Jantra, 168 S., 309 Farbfotos, 3 s/w-Fotos, , Pappband. ●●●●●

Der pflegeleichte Hausgarten
(**1170**-9) Von H. Jantra, 112 S., vierfarbige Abbildungen, kartoniert. ●●

Schöne Kräutergärten
(**1256**-X) Von H. Jantra, 112 S., vierfarbige Abbildungen, kartoniert. ●●

Kleingärten
Planen · Anlegen · Pflegen
(**1015**-X) Von H. Jantra, 88 S., 123 Farbfotos, 1 s/w-Foto, 14 Farbzeichnungen, , kart. ●●

Reihenhausgärten
Planen · Anlegen · Pflegen
(**1016**-8) Von H. Jantra, 104 S., 134 Farbfotos, 45 Farbzeichnungen, kartoniert. ●●

Kletterpflanzen
Mit Sonderteil Dachbegrünung
(**4546**-8) Von U. Mehl, K. Werk, 128 S., ca. 150 Farbfotos, farbige und s/w-Zeichnungen, Pappband. ●●●●●

Steingärten Wirkungsvoll gestalten und sachgerecht pflegen
(**4452**-6) Von A. Throll-Keller, 128 Seiten, 203 Farbfotos, 56 Farbzeichnungen, Pappband. ●●●●

Gartenteiche, Tümpel und Weiher
naturnah anlegen und pflegen
(**1073**-7) Von Dr. F. Liedl, H. Goos, 80 Seiten, 87 Farbfotos, 39 Farbzeichnungen, kart. ●●

Wasser im Garten
Von der Vogeltränke zum Naturteich · Natürliche Lebensräume selbst gestalten.
(**4230**-2) Von H. Hendel, P. Keßeler, 240 S., 315 Farbabb., 11 s/w-Fotos, Pappband. ●●●●●

Pflanzen und Tiere für den Gartenteich
(**1171**-7) Von W. Costa, 128 S., 169 Farbfotos, 40 Farbzeichnungen, 8 Bepflanzungspläne, kartoniert. ●●

Gestaltungsideen für den Wohngarten
Sitzplätze, Terrassen, Höfe und andere grüne Räume
(**4751**-7) Von H. Jantra, ca. 120 Seiten, ca. 100 Farbfotos und -zeichnungen, gebunden. ●●●●

Wintergärten
Das Erlebnis, mit der Natur zu wohnen. Planen, Bauen und Gestalten.
(**4256**-6) Von LOG ID, 136 S., 130 Farbfotos, 107 Zeichnungen, Pappband. ●●●●●

Rund ums Jahr erfolgreich gärtnern
Gewächshäuser
planen · bauen · einrichten · nutzen
(**4408**-9) Von Dr. G. Schoser, J. Wolff, 232 S., 368 Farbabb., 5 s/w-Fotos, Pappbd. ●●●●●

Das moderne Handbuch **Zimmerpflanzen**
(**4416**-X) Von H. Jantra, 304 S., 766 Farbfotos, 64 Farb- und 19 s/w-Zeichnungen, Pappband. ●●●●

365 Erfolgstips für schöne Zimmerpflanzen
(**0893**-7) Von H. Jantra, 144 S., 215 Farbfotos, kartoniert. ●●

Dekorative Blattpflanzen
Auswahl und Pflege
(**1128**-8) Von H. Jantra, 128 S., 198 Farbfotos, 20 Farbzeichnungen, kartoniert. ●●

Arbeitskalender für Zimmergärtner
(**1473**-2) Von H. Jantra, 112 Seiten, ca. 120 Farbfotos, kartoniert. ●●

Prof. Stelzers grüne Sprechstunde
Gesunde Zimmerpflanzen
Krankheiten erkennen und behandeln. Mit neuem Diagnosesystem.
(**4274**-4) Von Prof. Dr. G. Stelzer, 192 Seiten, 410 Farbfotos, 10 s/w-Zeichnungen, Pappband. ●●●●

Hydrokultur
Pflanzen ohne Erde – mühelos gepflegt.
(**0944**-5) Von H.-A. Rotter, 144 S., 167 Farbfotos, 13 Farbzeichnungen, kartoniert. ●●

Gesunde Pflanzen in
Hydrokultur
(**1257**-8) Von H.-A. Rotter, 80 Seiten, ca. 60 s/w-Zeichnungen, 8 Farbtafeln, kartoniert. ●

Bonsai Japanische Miniaturbäume und Miniaturlandschaften. Anzucht, Gestaltung und Pflege.
(**4091**-1) Von B. Lesniewicz, 160 S., 106 Farbfotos, 46 s/w-Fotos, 115 Zeichnungen, gebunden. ●●●●●

Kakteen
Auswahl · Pflege · Vermehrung
(**1429**-5) Von G. Andersohn, ca. 120 S., zahlr. Farbabbildungen, kartoniert. ●●●

Tiere

Grzimek Juniors **BUNTE TIERWELT**
(**4295**-7) Von Chr. Grzimek, 208 S., 308 Farbfotos, Pappband. ●●●●

Hunde
Rassen · Ausbildung · Pflege · Zucht
(**4118**-7) Von H. Bielfeld, 192 S., 222 Farb- und 73 s/w-Abb., Pappband. ●●●●

Das neue Hundebuch
Rassen · Aufzucht · Pflege (**0009**-X) Von W. Busack, überarbeitet von Dr. med. vet. A. H. Hacker und H. Bielfeld, 112 S., 8 Farbtafeln, 27 s/w-Fotos, 6 Zeichnungen, kartoniert. ●

Alles über Dackel, Teckel und Dachshunde
(**1079**-6) Von M. Wein-Gysae, 80 Seiten, 46 Farbfotos, 2 zweifarbige Zeichnungen, kartoniert. ●●

Hundeausbildung
Verhalten · Gehorsam · Ausbildung
(**0346**-3) Von R. Menzel, 88 S., 26 Fotos, kartoniert. ●

Grundausbildung für Gebrauchshunde
Schäferhund, Boxer, Rottweiler, Dobermann, Riesenschnauzer, Airedaleterrier, Hovawart und Bouvier.
(**0801**-5) Von M. Schmidt und W. Koch. 104 S., 8 Farbtafeln, 51 s/w-Fotos, 5 s/w-Zeichnungen, kartoniert. ●●

Der Hund in der Familie
(**1014**-1) Von J. Werner, 128 S., 106 Farbfotos, kartoniert. ●●

Der Deutsche Schäferhund
(**1091**-5) Von U. Förster, 112 S., 47 Farbzeichnungen, 2 s/w-Fotos, kartoniert. ●●

Der Deutsche Schäferhund
Aufzucht · Pflege und Ausbildung
(**0073**-1) Von A. Hacker, 104 S., 56 Abb., kart. ●

Alles über junge Hunde
(**0863**-5) Von Dr. med. vet. E. M. Bartenschlager, 64 S., 49 Farbfotos, 6 Zeichnungen, kartoniert. ●●

Richtige Hundeernährung
(**0811**-2) Von Dr. med. vet. E. M. Bartenschlager, 80 S., 51 Farbf., 4 Farbzeichn, kart. ●●

Hundekrankheiten
(**1077**-X) Von Dr. med. vet. R. Spangenberg, 96 S., 44 Farb- und 1 s/w-Foto, 22 Farbzeichnungen, kartoniert. ●●

Von Ajax bis Zamperl
Die beliebtesten Hunde-Namen
(**1174**-1) Von H.-J. Schließke, 96 Seiten, kart. ●

Die Katze in der Familie
(**1076**-1) Von U. Birr, 136 S., 112 Farbf., kart. ●●

Katzen
Rassen · Verhalten · Pflege · Zucht
(**4158**-6) Von B. Gerber, 176 S., 294 Farb- und 88 s/w-Fotos, Pappband. ●●●●

Das neue Katzenbuch
Rassen · Aufzucht · Pflege.
(**0427**-3) Von B. Eilert-Overbeck, 120 Seiten, 14 Farbfotos, 26 s/w-Fotos, kartoniert. ●

Katzenkrankheiten
erkennen und behandeln
(**1078**-8) Von Dr. med. vet. R. Spangenberg, 104 S., 40 Farbfotos und 11 Farbzeichnungen, kartoniert. ●●

Junge Katzen
(**0862**-7) Von Dr. med. vet. E. M. Bartenschlager, 72 S., 40 Farbfotos, 4 Farbzeichnungen, kartoniert. ●●

Pferde
(**4186**-1) Von H. Werner, 176 S., 196 Farb- und 50 s/w-Fotos, 100 Zeichnungen, Pappband. ●●●●

Reiten auf Gangpferden
Isländer, Pasos, Saddlehorses und andere Freizeitpferde
(**4716**-9) Von Dr. med. vet. H. Jung, ca. 112 S., zahlreiche Abbildungen, kartoniert. ●●●

Reiten im Bild
(**0415**-X) Von H. Werner, 128 S., 142 Farbfoyos, 107 Farbzeichnungen, kartoniert. ●●

Der Hobby-Imker
(**0978**-X) Von Dr. R. F. A. Moritz, 144 S., 106 zweifarbige Zeichnungen, kart. ●●

Geflügelhaltung als Hobby
(**0749**-3) Von M. Baumeister, H. Meyer, 184 S., 8 Farbtafeln, 47 s/w-Fotos, 15 zweifarbige Zeichnungen, kartoniert. ●●●

Sittiche und kleine Papageien
(**0864**-3) Von Dr. med. vet. E. M. Bartenschlager, 88 S., 84 Farbfotos, 9 Zeichnungen, kartoniert. ●●

Alles über Großsittiche
(**1320**-5) Von H. Bielfeld, 88 S., 88 Farbfotos, 3 Farbzeichnungen, kartoniert. ●●

Alles über Wellensittiche
(**1129**-6) Von H. Bielfeld, 64 S., 53 Farbfotos, 3 Zeichnungen, kartoniert. ●●

Alles über Kanarienvögel
(**0901**-1) Von H. Schnoor, 64 S., 58 Farbfotos und Zeichnungen, kartoniert. ●●

Nymphensittiche
Auswahl · Haltung · Pflege
(**1474**-0) Von F. Moll, ca. 64 Seiten, durchgehend vierfarbig, kartoniert. ●●

Beos
Haltung · Pflege · Zucht
(1475-9) Von M. Wagner, ca. 64 Seiten, durchgehend vierfarbig, kartoniert. ●●

Elternlose Jungvögel
Erste Hilfe · Aufzucht · Auswilderung
(**1319**-1) Von I. Polaschek, 80 S., 80 Farbfotos, 5 Farbzeichnungen, kartoniert. ●●

Diskusfische
Arten · Haltung · Pflege
(**1432**-5) Von H. Hirsch, 64 Seiten, 43 Farbfotos, kartoniert. ●●

Die Tiersprechstunde
Gesunde Fische im Süßwasseraquarium
(**1013**-3) Von H. J. Mayland, 96 S., 73 Farbfotos, 10 Zeichnungen, kartoniert. ●●

Alles über Zwerg- und Goldhamster
(**1012**-5) Von M. Mettler, 96 S., 96 Farbfotos, kartoniert. ●●

Alles über Chinchillas und Degus
(**1130**-X) Von M. Mettler, 96 S., 80 Farbfotos, 3 Zeichnungen, kartoniert. ●●

Alles über Meerschweinchen
(**0809**-0) Von Dr. med. vet. E. M. Bartenschlager, 72 S., 43 Farbfotos, 11 Farbzeichnungen, kartoniert. ●●

Alles über Zwergkaninchen
(**1075**-3) Von M. Mettler,. 64 S., 52 Farbfotos, kartoniert. ●●

Alles über Rennmäuse
(**1318**-3) Von M. Mettler, 80 S., 74 Vignetten, kartoniert. ●●

Sport und Fitneß

Neue Lehrmethoden der Judo-Praxis
(**0424**-9) Von P. Herrmann, 223 S., 475 Abb., kartoniert. ●●

Judo perfekt 1
(**1249**-7) Von K. Fuchs, 128 S., kartoniert. ●●

Judo perfekt 2
Wettkampftechniken im Stand
(**1461**-9) Von K. Fuchs, ca. 144Seiten, kartoniert. ●●

Fußwürfe
für Judo, Karate und Selbstverteidigung.
(**0439**-7) Von H. Nishioka, übers. von H. J. Heese, 96 S., 260 Abb., kartoniert. ●●

Karate 1
zur Selbstverteidigung
(**1312**-4) Von M. Nakayama, 96 Seiten, 315 s/w-Fotos, 5 Zeichn., kartoniert. ●●

Karate 2
zur Selbstverteidigung
(**1362**-0) Von M. Nakayama, 96 Seiten, 245 s/w-Fotos, kartoniert. ●●

Nakayamas Karate perfekt 1
Einführung.
(**0487**-7) Von M. Nakayama, 136 Seiten, 605 s/w-Fotos, kartoniert. ●●

Nakayamas Karate perfekt 2
Grundtechniken.
(**0512**-1) Von M. Nakayama, 136 Seiten, 354 s/w-Fotos, 53 Zeichnungen, kart. ●●

Nakayamas Karate perfekt 3
Kumite 1: Kampfübungen.
(**0538**-5) Von M. Nakayama, 128 Seiten, 424 s/w-Fotos, kartoniert. ●●

Nakayamas Karate perfekt 4
Kumite 2: Kampfübungen.
(**0547**-4) Von M. Nakayama, 128 Seiten, 394 s/w-Fotos, kartoniert. ●●

Nakayamas Karate perfekt 5
Kata 1: Heian, Tekki.
(**0571**-7) Von M. Nakayama, 144 Seiten, 1229 s/w-Fotos, kartoniert. ●●

Nakayamas Karate perfekt 6
Kata 2: Bassai-Dai, Kanku-Dai.
(**0600**-4) Von M. Nakayama, 144 Seiten, 1300 s/w-Fotos, 107 Zeichnungen, kart. ●●

Nakayamas Karate perfekt 7
Kata 3: Jitte, Hangetsu, Empi.
(**0618**-7) Von M. Nakayama, 144 Seiten, 1988 s/w-Fotos, 105 Zeichnungen, kart. ●●

Nakayamas Karate perfekt 8
Gankaku, Jion.
(**0650**-0) Von M. Nakayama, 144 Seiten, 1174 s/w-Fotos, 99 Zeichnungen, kart. ●●

Karate
(**2308**-1) Von A. Pflüger, 96 S., 134 Farbfotos, 4 s/w-Zeichnungen, kartoniert. ●●

Bo-Karate
Hanbo-Jitsu – die Techniken des Stockkampfes.
(**0447**-8) Von G. Stiebler, 176 S., 424 s/w-Fotos, 38 Zeichnungen, kartoniert. ●●

Karate 1
Einführung · Grundtechniken.
(**0227**-0) Von A. Pflüger, 144 S., 195 s/w-Fotos, 120 Zeichnungen, kartoniert. ●

Karate 2
Kombinationstechniken · Katas.
(**0239**-4) Von A. Pflüger, 176 S., 452 s/w-Fotos und Zeichnungen, kartoniert. ●●

Karate Kata 1
Heian 1–5, Tekki 1, Bassai-Dai.
(**0683**-7) Von W.-D. Wichmann, 164 Seiten, 703 s/w-Fotos, kartoniert. ●●

Karate Kata 2
Jion, Empi, Kanku-Dai, Hangetsu.
(**0723**-X) Von W.-D. Wichmann, 140 Seiten, 661 s/w-Fotos, 4 Zeichnungen, kart. ●●

Karate Kata 3
Bassai Sho, Kanku Sho, Nijushiho, Sochin.
(**1120**-2) Von W.-D. Wichmann, 144 Seiten, 598 s/w-Fotos, 4 Grafiken, kart. ●●

Dragon – der Drache
Die Bruce-Lee-Story
(**1415**-5) Von L. Lee, 192 S., 257 s/w-Fotos, kartoniert. ●●●

Bruce Lees Kampfstil 1
Grundtechniken
(**0473**-7) Von B. Lee, M. Uyehara, 109 Seiten, 220 Abbildungen, kartoniert. ●

Bruce Lees Kampfstil 2
Selbstverteidigungs-Techniken
(**0486**-9) Von B. Lee, M. Uyehara, 128 Seiten, 310 Abb., kartoniert. ●

Bruce Lees Kampfstil 3
Trainingslehre
(**0503**-2) Von B. Lee, M. Uyehara, 112 Seiten, 246 Abbildungen, kartoniert. ●

Bruce Lees Kampfstil 4
Kampftechniken
(**0532**-7) Von B. Lee, M. Uyehara, 104 Seiten, 211 Abbildungen, kartoniert. ●

Bruce Lee Kung-Fu
zur Selbstverteidigung
(**1399**-X) Von B. Lee, 104 Seiten, 120 s/w-Abbildungen, kartoniert. ●●

Chuck Norris
Meine Karatetechnik
Erfolgreich in Angriff und Abwehr
(**1460**-0) Von C. Norris, 128 Seiten, kartoniert. ●

Shaolin Kung-Fu 1
Grundlagen chinesischer Kampfkunst
(**1363**-9) Von C. D. Yao, R. Fassi, 124 Seiten, 207 s/w-Fotos, 30 s/w-Zeichn., kart. ●●●

Shaolin Kung-Fu 2
Kampftechniken für Angriff und Abwehr
(**1416**-3) Von C. D. Yao, R. Fassi, 144 Seiten, 581 s/w-Abb., kartoniert. ●●

Kung-Fu 1
Legende · Philosophie · Grundtechniken
(**0891**-0) Von Chr. Yim, 152 S., 401 s/w-Fotos, 2 s/w-Zeichnungen, kartoniert. ●●

Kung-Fu und Thai-Chi
Grundlagen und Bewegungsabläufe
(**0367**-6) Von B. Tegner, 182 Seiten, 370 s/w-Fotos, kartoniert. ●●

Kung Fu
Theorie und Praxis klassischer und moderner Stile
(**0376**-5) Von M. Pabst, 160 Seiten, 330 Abbildungen, kartoniert. ●●

Bruce Lees Jeet Kune Do
(**0440**-0) Von B. Lee, 192 S., mit 105 eigenhändigen Zeichnungen von B. Lee, kartoniert. ●●●

Shaolin-Kempo – Kung-Fu
Chinesisches Karate im Drachenstil.
(**0395**-1) Von R. Czerni, K. Konrad, 246 S., 723 Abbildungen, kartoniert. ●●

Kickboxen
Fitneßtraining und Wettkampfsport.
(**0795**-7) Von G. Lemmens, 96 S., 208 s/w-Fotos, 23 Zeichnungen, kartoniert. ●●

Ninja 1
Die Lehre der Schattenkämpfer.
(**0758**-2) Von S. K. Hayes, übers. von J. Schmit, 144 Seiten, 137 s/w-Fotos, kartoniert. ●●

Ninja 2
Die Wege zum Shoshin.
(**0763**-9) Von S. K. Hayes, übers. von J. Schmit, 160 S., 309 s/w-Fotos, 2 Zeichnungen, kartoniert. ●●

Ninja 3
Der Pfad des Togakure-Kämpfers.
(**0764**-7) Von S. K. Hayes, übers. von J. Schmit, 144 S., 197 s/w-Fotos, 2 Zeichnungen, kartoniert. ●●

Ninja 4
Das Vermächtnis der Schattenkämpfer.
(**0807**-4) Von S. K. Hayes, übers. von J. Schmit, 196 Seiten, 466 s/w-Fotos, kartoniert. ●●

Taekwondo perfekt 1
Die Formenschule bis zum Blaugurt.
(**0890**-2) Von K. Gil, Kim Chul-Hwan, 176 Seiten, 439 s/w-Fotos, 107 Zeichnungen, kartoniert. ●●

Taekwondo perfekt 2
Die Formenschule vom Blau- bis zum Schwarzgurt.
(**0976**-3) Von K. Gil, K. Chul-Hwan, 192 Seiten, 461 s/w-Fotos, 112 Zeichnungen, kartoniert. ●●

Taekwondo perfekt 3
(**1068**-0) Von K. Gil, K. Chul-Hwan, 200 S., 429 s/w-Fotos, kartoniert. ●●●

Taekwondo perfekt 4
(**1250**-0) Von K. Gil, 160 S., zahlr. s/w-Fotos und Schrittdiagramme, 17 Übungstafeln zum Herausnehmen, kart. ●●●

Ju-Jutsu 1
Grundtechniken · Moderne Selbstverteidigung.
(**0276**-9) Von W. Heim, F. J. Gresch, 164 S., 450 s/w-Fotos, 8 Zeichn., kartoniert. ●●

Ju-Jutsu 2
für Fortgeschrittene und Meister.
(**0378**-1) Von W. Heim, F. J. Gresch, 160 S., 798 s/w-Fotos, kartoniert. ●●

Ju-Jutsu 3
Spezial-, Gegen- und Weiterführungs-Techniken · Stockkampfkunst.
(**0485**-0) Von W. Heim, F. J. Gresch, 200 S., über 600 s/w-Fotos, kartoniert. ●●

Aikido
Lehren und Techniken des harmonischen Weges.
(**0537**-7) Von R. Brand, 280 Seiten, 697 Abbildungen, kartoniert. ●●

Hap Ki Do
Koreanische Selbstverteidigung nach dem Lehrsystem des Großmeisters.
(**0379**-X) Von Kim Sou Bong, 112 Seiten, 152 Abbildungen, kartoniert. ●●

Dynamische Tritte
Grundlagen für den Zweikampf.
(**0438**-9) Von C. Lee, 96 S., 398 s/w-Fotos, 10 Zeichnungen, kartoniert. ●●

Super-Tritte
(**1248**-9) Von W. Wallace, 136 S., kart. ●●

Selbstverteidigung
Abwehrtechniken für Sie und Ihn.
(**0853**-8) Von E. Deser, 96 S., 259 s/w-Fotos, kartoniert. ●

Die Faszination athletischer Körper
Bodybuilding
mit Weltmeister Ralf Möller.
(**4281**-7) Von R. Möller, 128 Seiten, 169 Farbfotos, 14 s/w-Fotos, 1 Farbzeichnung, Pappband. ●●●●

Ladyfitneß
Das neue Körperbewußtsein der Frau
Bodyshaping · Körperpflege · Ernährung · Entspannung
(**4433**-X) Von Prof. Dr. S. Starischka, B. Grabis, D. von Cramm, G. W. Kienitz, 128 S., 227 Farbfotos, Pappband. ●●●●

Bodybuilding für Frauen
Wege zu Ihrer Idealfigur
(**0661**-6) Von H. Schulz, 112 S., 84 s/w-Fotos, 4 Zeichnungen, kartoniert. ●

Bodybuilding
Anleitung zum Muskel- und Konditionstraining für sie und ihn
(**0604**-7) Von R. Smolana, 160 S., 171 s/w-Fotos, kartoniert.●●

Bodybuilding
(**2314**-6) Von L. Spitz, 112 S., 203 Farbabbildungen, 10 Tabellen. ●●

Leistungsfähiger durch Krafttraining
Eine Anleitung für Fitness-Sportler, Trainer und Athleten.
(**0617**-9) Von W. Kieser, 96 S., 20 s/w-Fotos, 62 Zeichnungen, kartoniert. ●

Krafttraining
Wirbelsäulengerechte Übungen an und mit Geräten
(**1309**-4) Von A. Balk, 48 S., 8 Bildtafeln, Spiralbindung. ●●●

Muskeltraining mit Hanteln
Leistungssteigerung für Sport und Fitneß
(**0676**-4) Von H. Schulz, 104 S., 92 s/w-Fotos, 2 Zeichnungen, kartoniert.●

Ausdauertraining
Einführung und Grundtechniken
(**1396**-5) Von G. Eyting, 32 S., 41 Farbfotos, 21 Farbzeichn., kartoniert. ●●●

Hanteltraining zu Hause
(**0800**-7) Von W. Kieser, 80 S., 71 s/w-Fotos, 4 Zeichnungen, kartoniert. ●

Optimale Ernährung
für Krafttraining und Bodybuilding.
(**0912**-7) Von B. Dahmen, 88 S., 8 Farbtafeln, 8 Zeichnungen, kartoniert. ●●

Aufwärmen
Übungen und Programme für Sport und Spiel
(**1311**-6) Von Dr. H. Wolff, 40 S., 8 Bildtafeln, Spiralbindung. ●●●

Fitneßtraining
Empfohlen vom Deutschen Sportbund
(**1245**-4) Von Marianne Schreiber, 32 Seiten, Spiralbindung mit Ausklapptafeln. ●●

Wirbelsäulengymnastik
Empfohlen vom Deutschen Sportbund
(**1246**-2) Von L. Keller, 40 Seiten, Spiralbindung mit Ausklapptafeln. ●●●

Aerobics
Low Impact, High-Impact, Step-Aerobic
(**1421**-X) Von M. Freytag-Baumgartner, 44 S., 3 Farbtafeln, 84 Farbfotos, 16 s/w-Fotos, Spiralbindung, kartoniert. ●●●

Stretching
Empfohlen vom Deutschen Sportbund
(**1247**-0) Von A. Balk, 40 Seiten, Spiralbindung mit Ausklapptafeln. ●●

Isometrisches Training
Übungen für Muskelkraft und Entspannung.
(**0529**-6) Von L. M. Kirsch, 104 S., 150 s/w-Fotos, kartoniert. ●●

Stretching
Mit Dehnungsgymnastik zu Entspannung, Geschmeidigkeit und Wohlbefinden.
(**0717**-5) Von H. Schulz, 80 S., 90 s/w-Fotos, kartoniert. ●

Stretching
(**2304**-9) Von B. Kurz, 96 S., 255 Farbfotos, kartoniert. ●●

Gesund und fit durch Gymnastik
(**0366**-8) Von H. Pilss-Samek, 88 Seiten, 130 Abbildungen, kartoniert. ●

Funktionelles Körpertraining
Grundlagen und Bewegungsprogramme
(**1367**-1) Von A. Balk, 40 S., 100 Farbfotos, kartoniert. ●●●

Spielerisch zur Kondition
Über 100 Trainingsspiele zur Verbesserung von Ausdauer, Schnelligkeit, Kraft und Beweglichkeit
(**1214**-4) Von U. Stumpp, 120 S., 30 Grafiken, kartoniert. ●●●

AOK-Videothek
Top-Form Gymnastik
Ein Bewegungsprogramm für pfundige Leute
(**6144**-7) VHS, ca. 30 Minuten, in Farbe. ●●●●*

Fit und frisch
Gymnastik für die ganze Familie
(**6501**-9) Von G. Sieber, 104 S., 306 Farbfotos, 5 Farbzeichnungen, kart., mit Audiokassette, Laufzeit 30 Min. ●●●

Sportjahr 93
Rekorde · Siege · Schicksale · Ergebnisse
Mit Sonderteil Leichtathletik-WM
(**4690**-1) 176 Seiten, 373 Farbfotos, Pappband. ●●●

Freeclimbing
Technik und Training
(**1251**-9) Von T. Strobl, 144 Seiten, durchgehend vierfarbig, kartoniert. ●●●

Fechten
Florett · Degen · Säbel.
(**0449**-4) Von E. Beck, 88 Seiten, 185 Fotos, 10 Zeichnungen, kartoniert. ●●

SportRegeln Volleyball
(**1368**-X) 88 S., 5 Farbtafeln, 19 s/w-Fotos, kartoniert. ●●

Fußball
(**2309**-X) Von H. Obermann, P. Walz, 112 Seiten, 47 Farbfotos, 18 Farb- und 25 s/w-Zeichnungen, kartoniert. ●●

Sepp Maier
Super-Torwart-Training
(**4451**-8) Von S. Maier, 168 S., 30 Farb- und 34 s/w-Fotos, 236 zweifarbige Zeichnungen, Pappband. ●●●●

Fußballtraining für Kinder und Jugendliche
Spiel- und Übungsformen zu Technik und Taktik
(**1463**-5) Von S. Asmus u. a., ca. 128 Seiten, durchgehend vierfarbig, kartoniert. ●●

SportRegeln
American Football
(**1165**-2) 136 S., 18 s/w-Fotos, kartoniert. ●

Streetball
Technik · Taktik · Spiel
(**1465**-1) Von J. Bezler und T. Paganetti, ca. 80 Seiten, durchgehend vierfarbig, kartoniert. ●●

Handball
Technik · Taktik · Regeln.
(**0426**-5) Von F. und P. Hattig, 128 Seiten, 91 s/w-Fotos, 121 Zeichnungen, kart. ●●

Handball
Grundlagen für Training und Spiel
(**2321**-9) Von H.-P. Oppermann, 120 Seiten, 39 Farbtafeln, 12 s/w-Fotos, 108 Farbzeichnungen, kartoniert. ●●

SportRegeln Handball
Die offiziellen Regeln
Wissenswertes von A bis Z
(**1099**-6) 88 Seiten, 32 s/w-Fotos, 14 Zeichnungen, kartoniert. ●

SportRegeln Rugby
Die offiziellen Regeln
Wissenswertes von A bis Z
(**1216**-0) 96 Seiten, zahlreiche zweifarbige Abbildungen, kartoniert. ●

Tennis
Technik · Taktik · Regeln.
(**0375**-7) Von W. u. S. Taferner, 112 Seiten, 81 Abbildungen., kartoniert. ●

SportRegeln Tennis
Die offiziellen Regeln
Wissenswertes von A bis Z
(**1097**-4) 88 S., 24 s/w-Fotos, 6 Zeichnungen, kartoniert. ●

Tischtennis-Technik
Der individuelle Weg zu erfolgreichem Spiel.
(**0775**-2) Von M. Perger, 144 Seiten, 296 Abbildungen, kartoniert. ●●

SportRegeln Tischtennis
Die offiziellen Regeln
Wissenswertes von A bis Z (**1252**-7) 96 S., zahlreiche zweifarbige Abb., kart. ●

Badminton
Technik · Taktik · Training.
(**0699**-3) Von K. Fuchs, L. Sologub, 168 S., 51 Abbildungen, kartoniert. ●●

SportRegeln
Badminton
(**1101**-6) 84 S., kartoniert. ●

Squash
(**2311**-1) Von P. Langhammer, R. Michna, 96 S., 86 Farbfotos, 13 Farbzeichn., kartoniert. ●●

Squash
Ausrüstung · Technik · Regeln
(**0539**-3) Von D. von Horn, H.-D. Stünitz, 96 S., 55 s/w-Fotos, 25 Zeichnungen, kart. ●

SportRegeln Squash
Wissenswertes von A bis Z
(**1100**-8) 64 S., 11 s/w-Fotos, 23 Zeichnungen, kartoniert. ●

Darts
Technik · Taktik · Spiel
(**1466**-X) Von R.W. Sohlbach, ca. 112 S., kart. ●●

Golf
Neue Wege zum erfolgreichen Spiel
(**4509**-3) Von O. Heuler, ca. 144 S., zahlr. Farbabbildungen, Pappband. ●●●●●

SportRegeln Golf
(**1315**-9) 96 S., 19 s/w-Fotos, kartoniert. ●

Golf
Ausrüstung und Technik.
(**0343**-9) Von J. C. Jessop, 96 S., 57 Abb., Anhang Golfregeln des DGV, kart. ●

Eishockey
Lauf- und Stocktechnik, Körperspiel, Taktik, Ausrüstung und Regeln.
(**0414**-1) Von J. Čapla, 264 S., 548 s/w-Fotos, 163 Zeichnungen, kartoniert. ●●●

SportRegeln
Eishockey
(**1098**-2) 116 Seiten, kartoniert. ●

Billard
Grundstöße · Viertelbillard und Freie Partie
(**1313**-2) Von Dr. H. Stingel, 112 Seiten, 196 Zeichnungen, kartoniert. ●●●

Grundlagen für Training und Spiel
Pool-Billard
(**2318**-9) Von B. Pejcic, R. Meyer, 96 S., durchgehend vierfarbig, kartoniert. ●●

Pool-Billard
(**0484**-2) Herausgegeben vom Deutschen Pool-Billard-Bund. Von M.Bach, K.-W. Kühn, 104 S., 64 Abbildungen, kartoniert. ●

FALKEN Video
Reiten
Von der ersten Stunde bis zum Ausritt
(**6097**-1) VHS, ca. 60 Min., in Farbe, mit Begleitheft. ●●●●*

Reiten
(**2322**-7) Von T. Eckholt, 128 S., durchgehend vierfarbig, kartoniert. ●●

Tanzstunde
Das Welttanzprogramm leicht gelernt
(**4409**-2) Von G. Hädrich, 164 S., 489 s/w-Fotos, 63 Zeichnungen, Pappband. ●●●

Wir lernen Tanzen
(**0200**-9) Von E. Fern, 152 S., 119 s/w-Fotos, 47 Zeichnungen, kartoniert. ●●

Anmutig und fit durch
Bauchtanz
(**0911**-9) Von Marta, 120 S., 229 Farbfotos, 6 s/w-Zeichnungen, kartoniert. ●●●

Segeln
(**1364**-X) Von H. Mönster u.a., ca. 128 Seiten, durchgehend vierfarbig, zahlr. Abbildungen, kartoniert. ●●●

Sporttauchen
Theorie und Praxis des Gerätetauchens
(**0647**-0) Von S. Müßig, 144 S., 8 Farbtafeln, 35 s/w-Fotos, 89 Zeichnungen, kart. ●●

Fit mit Sporttauchen
(**2320**-0) Von Dr. F. Naglschmid, 112 Seiten, 71 Farbfotos, 21 Zeichnungen, kart. ●●

Angelfischerei von Aal bis Zander
Fische · Geräte · Technik.
(**0324**-2) Von H. Oppel, 72 Seiten, 16 Farbtafeln, 49 s/w-Abb., kartoniert. ●●

Angeln
Kleine Fibel für den Sportfischer.
(**0198**-3) Von E. Bondick, 80 Seiten, 4 Farbtafeln, 116 Abbildungen, kartoniert. ●

Snowboarding
Ausrüstung · Fahrtechnik · Wettkämpfe
Videokassette (**6139**-0) VHS, ca. 45 Min., in Farbe. ●●●●*

Fibel für Kegelfreunde
Sport- und Freizeitkegeln · Bowling
(**0191**-6) Von G. Bocsai, 72 Seiten, 62 Abb., kartoniert ●

111spannende Kegelspiele
(**2031**-7) Von H. Regulski, 80 S., 53 Zeichnungen, kartoniert. ●

Mensch und Gesundheit

Der moderne Ratgeber
Wir werden Eltern
Schwangerschaft · Geburt · Erziehung des Kleinkindes.
(**4269**-8) Von B. Nees-Delaval, 376 Seiten, 335 2-farbige Abb., Pappband. ●●●●

Ich freue mich auf mein Baby
Ratgeber und Tagebuch für die Schwangerschaft
(**4711**-8) Von E. Portz-Schmitt, 184 S., 18 Farbfotos, 72 Farbzeichn., Pappband. ●●●●

Ich bekomme ein Baby
Wegweiser für Schwangerschaft und Geburt
(**1254**-3) Von B. Nees-Delaval, 144 Seiten, durchgehend zweifarbig, kartoniert. ●●

Wenn der Mensch zum Vater wird
Ein heiter-besinnlicher Ratgeber
(**4259**-0) Von D. Zimmer, 160 S., 20 Zeichnungen, Pappband. ●●●

AOK Bibliothek
Schwangerschaftsgymnastik und Geburtsvorbereitung
(**1423**-6) Von L. Keller, 112 S., 137 Farbfotos, 12 Farbzeichnungen, kartoniert. ●●●

Vorbereitung auf die Geburt und
Schwangerschaftsgymnastik
Atmung, Rückbildungsgymnastik,
(**0251**-3) Von S. Buchholz, 112 Seiten, 98 s/w-Fotos, kartoniert. ●

AOK-Bibliothek
Rückbildungsgymnastik
Informationen, Tips und Übungen
(**1470**-8) Von L. Keller, ca. 112 Seiten, zahlreiche Farbfotos und Farbillustrationen, kartoniert. ●●●*

AOK-Videothek
FALKEN Video
Rückbildungsgymnastik
Informationen, Tips und Übungen
(**6176**-5) Laufzeit ca. 30 Minuten. ●●●●*

Die Kunst des Stillens
nach neuesten Erkenntnissen
(**0701**-9) Von Prof. Dr. med. E. Schmidt, S. Brunn, 112 S., 20 Fotos und Zeichnungen, kartoniert. ●

Der große FALKEN BabyKurs
Pflege · Ernährung · Entwicklung · Erziehung
(**4739**-8) Von K. Schutt, ca. 352 Seiten, ca. 400 Farbfotos, gebunden. ●●●

Das Babybuch
Pflege · Ernährung · Entwicklung
(**0531**-8) Von A. Burkert, 96 Seiten, 76 zweifarbige Zeichnungen, 22 s/w-Zeichnungen, kartoniert. ●●

Babyfitneß
Massage, Spiele, Gymnastik und Schwimmen für Kinder im 1. Lebensjahr
(**1034**-6) Von G. Zeiß, 112 Seiten, 179 zweifarbige Illustrationen, , kartoniert. ●●

Wenn Kinder krank werden
Medizinischer Ratgeber für Eltern
(**4240**-X) Von B. Nees-Delaval, 232 Seiten, 163 Zeichnungen, Pappband. ●●●

Keinen Mann um jeden Preis
Das neue Selbstverständnis der Frau in der Partnerbeziehung
(**4440**-2) Von Shere Hite, Kate Colleran, 208 Seiten, Pappband. ●●●

Total verknallt ... und keine Ahnung?
Alles über Liebe, Sex und Zärtlichkeit
(**1024**-9) Von H. Bruckner, R. Rathgeber, 104 S., 38 Abbildungen, kartoniert. ●●

Streicheleinheiten für Körper und Seele
Partnermassage
(**4444**-5) Von Chr. Unseld-Baumanns, 136 S., 145 Farbfotos, Pappband. ●●●●

Partner gesucht
Die besten Tips und Strategien fürs Kennenlernen
(**1481**-3) Von Dr. C. Harmsen, 128 Seiten, kartoniert. ●●

freundin Ratgeber
Glück braucht Mut
Die Psycho-Logik des Jens Corssen
(**1176**-8) Von J. Corssen, B. Schmidt, 160 S., kartoniert. ●●

freundin Ratgeber
Die faire Trennung
Wie man mit Anstand auseinandergeht
(**1477**-5) Von I. Weber, ca. 144 S., kart. ●●

Angst und Panik
Ursachen · Symptome · Therapie
(**1422**-8) Von Prof. Dr. H.-R. Lückert, 176 S., kartoniert. ●●●

Wörterbuch der Medizin
(**4535**-2) 400 Seiten, 229 Farbfotos, Pappband. ●●●●

Bildatlas des menschlichen Körpers
(**4177**-2) Von G. Pogliani, V. Vannini, 112 Seiten, 402 Farbabbildungen, 28 s/w-Fotos, Pappband. ●●●●

Richtig essen bei
Nahrungsmittelallergien
(**4745**-2) Von Dr. med. C.Thiel, A. Ilies, 128 S., ca. 90 Farbf., gebunden. ●●●

Nahrungsmittelallergien
So ernähren Sie sich richtig!
(**0913**-5) Von Priv.-Doz. Dr. med. Dr. med. habil. J. von Mayenburg, Prof. Dr. med. Dr. phil. S. Borelli, E. Polster, 136 S., kart. ●●

Neurodermitis
Ursachen · Ganzheitliche Behandlung · Selbsthilfe
(**1218**-7) Von Prof. Dr. med. Dr. phil. S. Borelli, 144 S., kartoniert. ●●

Bluthochdruck
Risikofaktoren · Vorbeugung · Behandlung
(**1125**-3) Von Prof. Dr. med. D. Klaus, R. Unsorg, G. Leibold, 152 S., 25 Farbfotos, 22 Farbzeichnungen, kartoniert. ●●●

Arteriosklerose
Risikofaktoren/Vorbeugung/Therapie
Richtige Ernährung bei erhöhtem Cholesterinspiegel.
(**1020**-6) Von Prof. Dr. med. G. Assmann, Dr. troph. U. Wahrburg, 192 S., 84 farb. Abb., 4 s/w-Zeichnungen, kartoniert. ●●●

Asthma
Pseudokrupp, Bronchitis und Lungenemphysem
Krankheitsbilder · Diagnose · Therapie
(**1126**-1) Von Prof. Dr. med. W. Schmidt, S. Ertelt, 152 S., 110 zweif. Zeichn., kart. ●●●

Risiko Herzinfarkt
Empfohlen von der Deutschen Herzstiftung
(**1217**-9) Von C. Halhuber, M. J. Halhuber, 152 S., 38 Farb- und 8 s/w-Zeichnungen, kartoniert. ●●●

So arbeitet das Immunsystem
Funktionsweise · Störungen · Natürliche Stärkung
(**1253**-5) Von V. Friebel, J. Ledvina, A. Roßmeier, 168 S., 18 Farbtafeln, 38 zweifarbige Zeichnungen, kartoniert. ●●●

Diabetes
Krankheitsbild, Therapie, Kontrollen, Schwangerschaft, Sport, Urlaub, Alltagsprobleme. Neueste Erkenntnisse der Diabetesforschung. (**0895**-3) Von Dr. med. H. J. Krönke, 120 S., 4 Farbtafeln, 14 s/w-Fotos, 13 s/w-Zeichnungen, kartoniert. ●

AOK-Bibliothek
Gesunde Haut
Ratgeber für Pflege und Gesundheit
(**1468**-6) Von Dr. med. J. Müller und Dr. med. K.-U. Schmidt, ca. 112 Seiten, zahlr. Abbildungen, durchgehend vierfarbig, kart. ●●●

Naturkosmetik
Die Grundlagen gesunder und natürlicher Hautpflege.
(**1080**-X) Von N. E. Haas, 120 Seiten, 63 Farbabbildungen, kartoniert. ●●

Die sanfte Art des Heilens
Homöopathie
Praktische Anwendung und Arzneimittellehre
(**4418**-X) Von J. H. P. Kreuter, 216 S., 49 Zeichnungen, Pappband. ●●●

Aromatherapie
Gesundheit und Entspannung durch ätherische Öle.
(**1131**-8) Von K. Schutt, 96 S., 40 zweifarbige Abbildungen, kartoniert. ●●

Heilatmen
Ein Weg zu Lebenskraft und innerer Harmonie
(**1047**-8) Von K. Schutt, 112 S., 57 zweifarbige Abbildungen, kartoniert. ●●

Bewährte Naturheilverfahren bei
Herz-Kreislauf-Erkrankungen
(**1084**-2) Von Dr. med. O. Wolff, G. Leibold, 104 Seiten, kartoniert. ●

Risiko Herzinfarkt
(**1217**-9) Von Dr. C. Halhuber, Prof. Dr. M. J. Halhuber, 160 S., durchgehend zweifarbig, kartoniert. ●●●

Krebsangst und Krebs behandeln
Mit einem Vorwort von Prof. Dr. med. Friedrich Douwes.
(**0839**-2) Von G. Leibold, 104 Seiten, kartoniert. ●

Bewährte Naturheilverfahren bei
Krebs
(**1082**-6) Hrsg. H.-R. Heiligtag, 88 Seiten, kartoniert. ●

Heilen mit Blütenenergien
nach Dr. Bach
(**1141**-5) Von J. Wenzel, ca. 96 S., kartoniert. ●

Bewährte Naturheilverfahren bei
Migräne und Schlafstörungen
(**1081**-8) Von G. Leibold, Dr. med. H. Chr. Scheiner, 112 Seiten, kartoniert. ●

Gesunder Schlaf
Schlafstörungen ohne Medikamente erfolgreich behandeln.
(**1036**-2) Von D. H. Alke, 88 S., 22 s/w-Abb., mit Audiokassette, kartoniert. ●●●

Natürliche Behandlungsmethoden bei
Rückenschmerzen
Massage · Gymnastik · Entspannung
(**4447**-X) Von Prof. Dr. med. H. Hess, K. Eder, H.-J. Montag, K. Schutt, 152 S., 168 Farbabbildungen, Pappband. ●●●

TELE-Rückenschule
Wohlbefinden durch bewußte Körpererfahrung
(**1310**-8) Von K. Haak, 64 S., 19 Farb-, 24 s/w-Fotos, 24 Zeichnungen, 2 Ausklapptafeln, mit Audiokassette, kartoniert. ●●●●

TELE-Rückenschule
Wohlbefinden durch bewußte Körpererfahrung
Videokassette (**6108**-0) VHS, ca. 60 Min., in Farbe, mit Broschüre. ●●●●*

Rheuma behandeln und lindern
Mit einem Vorwort von Dr. med. Max-Otto Bruker.
(**0836**-8) Von G. Leibold, 96 Seiten, kartoniert. ●

Besser sehen durch Augentraining
Ein Gesundheitsprogramm zur Verbesserung des Sehvermögens.
(**0914**-3) Von K. Schutt, B. Rumpler, 96 S., 32 s/w-Zeichnungen, kartoniert. ●●

So arbeitet das
Immunsystem
(**1253**-5) Von V. Friebel, I. Ledvina, A. Roßmeier, 192 Seiten, durchgehend zweifarbig, kartoniert. ●●●

Allergien behandeln und lindern
Mit einem Vorwort von Prof. Dr. med. Axel Stemmann.
(**0840**-6) Von G. Leibold, 96 Seiten, 4 Zeichnungen, kartoniert. ●

Enzyme
Vitalstoffe für die Gesundheit
(**0677**-2) Von G. Leibold, 96 S., kartoniert. ●

Besser leben durch Fasten
(**0841**-4) Von G. Leibold, 96 S., kartoniert. ●

Massagetechniken und Heilanzeigen
Reflexzonentherapie
(**4404**-6) Von G. Leibold, 128 Seiten, 53 Farbzeichnungen, Pappband. ●●●

Akupressur zur Eigenbehandlung
(**0417**-6) Von G. Leibold, 112 S., 78 Abb., kartoniert.●

Shiatsu-Massage
Harmonisierung der Energieströme im Körper
(**0615**-2) Von G. Leibold, 196 S., 180 Abb., kartoniert. ●●●

Fußsohlenmassage
Heilanzeigen · Technik · Selbsthilfe
(**0714**-0) Von G. Leibold, 96 S., 38 Zeichnungen, kartoniert. ●

Entspannung und Schmerzlinderung durch
Massage
(**0750**-7) Von B. Rumpler, K. Schutt, 112 S., 116 zweifarbige Zeichnungen, kartoniert. ●

Gesundheit und Entspannung durch
Massage
(**1317**-5) Von K. Schutt, 168 S., 126 Farbfotos., 61 Farbzeichnungen, kartoniert. ●●●

Gesundheit für Körper und Seele
Entspannung
(**1471**-6) Von K. Schutt, ca. 80 Seiten, durchgehend zweifarbig, kartoniert, Audiokassette ca. 60 Minuten Laufzeit. ●●●●

Entspannung
(**0834**-1) Von Dr. Med. Chr. Schenk, 88 S., 29 Zeichnungen, kartoniert. ●

Autogenes Training
Ein Programm zur Streßbewältigung
(**1278**-0) Von Dr. P. Kruse, B. Pavlekovic, K. Haak, 112 S., durchgehend zweifarbig, kartoniert. ●●●

Erfolg und Lebensfreude durch
Autogenes Training und Psychokybernetik
(**1035**-4) Von D. H. Alke, 80 Seiten, 2 s/w-Zeichnungen, mit Audiokassette, kartoniert. ●●●

Chinesisches Schattenboxen
Tai-Ji-Quan
für geistige und körperliche Harmonie
(**0850**-3) Von F.T. Lie, 120 S., 221 s/w-Fotos, 9 s/w-Zeichnungen, Beilage: 1 s/w-Poster mit zahlreichen Abbildungen, kartoniert. ●●

AOK-Bibliothek
Qi-Gong im Alltag
Chinesische Atem- und Bewegungsübungen
(**1316**-7) Von L. U. Schoefer, ca. 80 Seiten, durchgehend vierfarbig, zahlreiche Fotos, kartoniert. ●●

AOK-Bibliothek
Qi-Gong im Alltag
Chinesische Atem- und Bewegungsübungen
(**1427**-9) Von L. U. Schoefer, ca. 80 Seiten, durchgehend vierfarbig, zahlreiche Fotos, kartoniert, mit Audiokassette. ●●●●

AOK-Videothek
Qi-Gong im Alltag
Chinesische Atem- und Bewegungsübungen
(**6179**-X) Von L. U. Schoefer, ca. 60 Minuten Laufzeit. ●●●●

Yoga für jeden
(**1277**-2) Von K. Zebroff, 144 Seiten, Spiralbindung, durchgehend vierfarbig, kartoniert. ●●●

Yoga
Weg zur Harmonie
(**4417**-8) Von A. Harf, W. von Rohr, 176 S., 171 Farbf., 12 s/w-Zeichn., Pappband. ●●●●

Yoga gegen Haltungsschäden und Rückenschmerzen
(**0394**-3) Von A. Raab, 104 S., 215 Abb., kart. ●

AOK-Bibliothek
Radwandern
für die Gesundheit
(**1369**-8) Von S. Kälberer, J.–U. Knoll, 128 S., 126 Farbfotos, kartoniert. ●●●

AOK-Bilbliothek
Osteoporose
Vorbeugen · Diagnose · Behandlung
(**1371**-X) Von A. Baumgarten, 96 S., 74 Farbfotos, 17 Farbzeichn., kartoniert. ●●●

AOK-Bibliothek
Erkältungskrankheiten
Vorbeugung und Behandlung
(**1372**-8) Von G. Leibold, 112 S., 74 Farbfotos, 7 Farbzeichn., kartoniert. ●●●

AOK-Bibliothek
Krankenpflege zu Hause
Anleitungen, Tips und Informationen
(**1373**-6) Von S. Hof, 104 S., 68 Farbfotos, 32 Farbzeichn., kartoniert. ●●●

PfundsKur Kochbuch
(**4726**-6) Von F. Metzler, 112 S., 81 Farbfotos, Pappband. ●●●

Fit ohne Fett
Die neue PfundsKur
(**1370**-1) Von Prof. Dr. V. Pudel, 128 Seiten, kartoniert. ●

Die aktuelle
Ballaststofftabelle
(**1288**-8) Von Dr. H. Oberritter, 80 Seiten, kartoniert. ●

Neue Rezepte für **Diabetiker-Diät**
Vollwertig · abwechslungsreich · kalorienarm
(**0418**-4) Von M. Oehlrich, 96 S., 8 Farbtafeln, kartoniert. ●

Diät bei Herzkrankheiten und Bluthochdruck
Rezeptteil von B. Zöllner
(**3202**-1) Von Prof. Dr. med. H. Rottka, 92 S., 4 Farbtafeln, kartoniert. ●●

Diät bei Erkrankungen der Nieren, Harnwege und bei Dialysebehandlung
Rezeptteil von B. Zöllner.
(**3203**-X) Von Prof. Dr. med. Dr. h. c. H. J. Sarre und Prof. Dr. med. R. Kluthe, 96 S., 33 Farbfotos, 1 s/w-Zeichnung, kartoniert. ●●

Diät bei Gicht und Harnsäuresteinen
Rezeptteil von B. Zöllner.
(**3205**-6) Von Prof. Dr. med. N. Zöllner, 112 S., 35 Farbtafeln, kartoniert. ●●

Diät bei Zuckerkrankheit
Rezeptteil von B. Zöllner (**3206**-4) Von Prof. Dr. med. P. Dieterle, 112 S., 42 Farbfotos, 4 vierfarbige Vignetten, 1 s/w-Zeichnung, kartoniert. ●●

Diät bei erhöhtem Cholesterinspiegel und anderen Fettstoffwechselstörungen
Rezeptteil von B. Zöllner.
(**3208**-0) Von Prof. Dr. med. G. Wolfram, 102 S., 32 Farbfotos, kartoniert. ●●

Ballaststoffreiche Kost bei Funktionsstörungen des Darms
Rezeptteil von B. Zöllner.
(**3212**-9) Von Prof. Dr. med. H. Kasper, 96 Seiten, 34 Farbfotos, 1 s/w-Foto, kartoniert. ●●

Diät bei Krankheiten des Magens und Zwölffingerdarms
Rezeptteil von B. Zöllner
(**3201**-3) Von Prof. Dr. med. H. Kaess, 96 Seiten, 35 Farbfotos, 1 s/w-Zeichnung, kartoniert. ●●

Diät bei Krankheiten der Gallenblase, Leber und Bauchspeicheldrüse
Rezeptteil von B. Zöllner.
(**3207**-2) Von Prof. Dr. med. H. Kasper, 88 Seiten, 35 Farbfotos, 1 s/w-Zeichnung, , kartoniert. ●●

Video

Hobby Aquarellmalen
Landschaft und Stilleben
(**6022**-X) VHS, 40 Min., in Farbe, mit Begleitheft. ●●●●*

Hobby Ölmalerei
Landschaft und Stilleben
(**6025**-4) VHS, 40 Min., in Farbe, mit Begleitheft. ●●●●*

Seidenmalerei
leicht gemacht
(**6173**-0) VHS, ca. 30 Min., in Farbe ●●●●*

Basteln mit Kindern
(**6041**-6) VHS, 60 Min., in Farbe, mit Vorlagen in Originalgröße, mit Begleitheft. ●●●*

Die Modelleisenbahn
Anlagenbau in Modultechnik
(**6028**-9) VHS, 30 Min., in Farbe. ●●●●*

Golf
(**6053**-X) VHS, 60 Min., in Farbe, mit Begleitheft. ●●●●●*

Reiten
(**6097**-1) VHS, ca. 60 Min., in Farbe, mit Begleitbroschüre. ●●●●*

Karate
Einführung und Grundtechniken
(**6037**-8) VHS, ca. 45 Min., in Farbe, mit Begleitbroschüre. ●●●●*

Skigymnastik perfekt
(**6052**-1) VHS, ca. 60 Min., in Farbe, mit Begleitbroschüre. ●●●●●*

Snowboarding
(**6139**-0) VHS, ca. 45 Min., in Farbe, mit Broschüre.●●●●*

Pflanzenjournal
Blumen- und Pflanzenpflege im Jahreslauf
(**6036**-X) VHS, 30 Minuten, mit Begleitheft. ●●●●*

Schnitt und Pflege
von Bäumen und Sträuchern
(**6050**-5) VHS, 45 Minuten, in Farbe, mit Begleitheft. ●●●●*

Erfolgreiche Streßbewältigung
Autogenes Training
Video 1: Einführung und Kurs
Video 2: Übungen
(**6132**-3) VHS, jeweils ca. 60 Minuten, in Farbe. ●●●●●*

Aktfotografie
Gestaltung/Technik/Spezialeffekte
Interpretationen zu einem unerschöpflichen Thema
(**6001**-7) VHS, 60 Min., in Farbe, mit Begleitheft. ●●●●●*

Videografieren perfekt
Profitricks für Aufnahmetechnik und Nachbearbeitung
(**6042**-4) VHS, (**6044**-4) Video 8, 60 Min., in Farbe, mit Begleitheft. ●●●●●*

Besser Videofilmen
(**6172**-2) VHS, ca. 60 Minuten, in Farbe. ●●●●●*

Top-Form Gymnastik
Ein Bewegungsprogramm für pfundige Leute
(**6144**-7) VHS, ca. 30 Minuten, in Farbe. ●●●●*

Fitt ohne Fett
PfundsKur Video
(**6142**-0) VHS, ca. 40 Min., in Farbe.●●●●*

Streicheleinheiten für Körper und Seele
Partnermassage
(**6051**-3) VHS, 45 Min., in Farbe, mit Begleitheft. ●●●●●*

Tele Partner Massage
Zärtliche Entspannung zu zweit
(**6131**-5) VHS, ca. 60 Minuten, in Farbe. ●●●●*

Sinnliche Stunden
(**6099**-8) VHS, ca. 60 Min., in Farbe, mit Begleitbroschüre. ●●●●●*

Nie wieder rauchen
(**6100**-5) VHS, ca. 45 Min., in Farbe, mit Begleitbroschüre. ●●●●*

New York
(**6151**-X) VHS, ca. 60 Min., in Farbe. ●●●●*

Kalifornien
(**6152**-8) VHS, ca. 60 Min., in Farbe. ●●●●*

USA Südwest
(**6153**-6) VHS, ca. 60 Min., in Farbe. ●●●●*

Florida
(**6154**-4) VHS, ca. 60 Min., in Farbe. ●●●●*

Hawaii
(**6164**-1) VHS, ca. 60 Min., in Farbe. ●●●●*

Irland
(**6167**-6) VHS, ca. 60 Min., in Farbe. ●●●●*

Norwegen
(**6161**-7) VHS, ca. 60 Min., in Farbe. ●●●●*

Kanarische Inseln
(**6162**-5) VHS, ca. 60 Min., in Farbe. ●●●●*

Mallorca
(**6143**-9) VHS, ca. 60 Min., in Farbe. ●●●●*

Toscana
(**6148**-X) VHS, ca. 60 Min., in Farbe. ●●●●*

Rom
(**6145**-5) VHS, ca. 60 Min., in Farbe. ●●●●*

Venedig
(**6146**-3) VHS, ca. 60 Min., in Farbe. ●●●●*

Florenz
(**6147**-1) VHS, ca. 60 Min., in Farbe. ●●●●*

Paris
(**6157**-9) VHS, ca. 60 Min., in Farbe. ●●●●*

Wien
(**6158**-7) VHS, ca. 60 Min., in Farbe. ●●●●*

London
(**6159**-5) VHS, ca. 60 Min., in Farbe. ●●●●*

Prag
(**6165**-X) VHS, ca. 60 Min., in Farbe. ●●●●*

Griechische Inseln
(**6166**-8) VHS, ca. 60 Min., in Farbe. ●●●●*

Kuba
(**6150**-1) VHS, ca. 60 Min., in Farbe. ●●●●*

Dominikanische Republik
(**6163**-3) VHS, ca. 60 Min., in Farbe. ●●●●*

Malediven
(**6156**-0) VHS, ca. 60 Min., in Farbe. ●●●●*

Bali
(**6149**-8) VHS, ca. 60 Min., in Farbe. ●●●●*

Thailand
(**6155**-2) VHS, ca. 60 Min., in Farbe. ●●●●*

Hongkong
(**6160**-9) VHS, ca. 60 Min., in Farbe. ●●●●*

Berlin
(**6177**-3) Laufzeit ca. 60 Minuten. ●●●●*

Tunesien
(**6174**-9) Laufzeit ca. 60 Minuten. ●●●●*

Kanada
(**6178**-1) Laufzeit ca. 60 Minuten. ●●●●*

Bestellschein

Erfüllungsort und Gerichtsstand für Vollkaufleute ist der jeweilige Sitz der Lieferfirma. Für alle übrigen Kunden gilt dieser Gerichtsstand für das Mahnverfahren. Falls durch besondere Umstände Preisänderungen notwendig werden, erfolgt Auftragserledigung zu dem bei der Lieferung gültigen Preis.

Ich bestelle hiermit aus dem Falken-Verlag GmbH, Postfach 1120, D-65521 Niedernhausen/Ts., durch die Buchhandlung:

Ex.

Ex.

Ex.

Ex.

Name: Datum:

Straße:

Ort: Unterschrift:

Die hier vorgestellten Bücher, Videokassetten und Software sind in folgende Preisgruppen unterteilt:

● Preisgruppe bis DM 10,–/S 79,–/SFr 11,–
●● Preisgruppe über DM 10,– bis DM 20,– S 80,– bis S 160,– SFr 10,– bis SFr 21,–
●●● Preisgruppe über DM 20,– bis DM 30,– S 161,– bis S 240,– SFr 21,– bis SFr 30,–
●●●● Preisgruppe über DM 30,– bis DM 50,– S 241,– bis S 400,– SFr 30,– bis SFr 50,–
●●●●● Preisgruppe über DM 50,–/S 401,–/SFr 50,–
* (unverbindliche Preisempfehlung)

Die Preise entsprechen dem Status beim Druck dieses Verzeichnisses (s. Seite 1) – Änderungen, im besonderen der Preise, vorbehalten –

Falken-Verlag GmbH · Postfach 1120 FALKEN D-65521 Niedernhausen/Ts. · Tel.: 0 61 27 / 70 20